Le guide indispensable pour tout savoir des effets sonores et des bruitages au cinéma

Éditions Le guide indispensable

Table des matières

Les sons et bruitages

des plus grands films

révélés

Des dinosaures, des zombies, des vaisseaux spatiaux, ... pensiez-vous vraiment que c'était ce qui produisait les sons que vous entendez dans votre film de dinosaures, de zombies, de vaisseaux spatiaux?

Non bien sûr, et même si vous savez que les sons des chevaliers qui croisent le fer et des coups de poings qui envoient les gros bras des films d'action au tapis sont produits en studios, vous ne reconnaissez peut-être pas toujours quelles sont les sources originales des sons.

Cet ouvrage est fait pour tous les passionnés de cinéma qui au-delà du rêve aiment en connaître tous les détails les plus techniques voire insolites.

Quelques films cultes

Bien sûr chaque film, quel qu'il soit, passe en phase de montage où les images et les sons vont être associés. Mais nous avons trouvé beaucoup plus intéressant de nous attarder sur quelques films cultes oú dans la plupart des cas les sons entendus sont générés par d'autres sources que celles que l'on voit à l'écran, c'est ainsi que vous apprendrez ici que dans Top Gun le bruit des avions de chasse est en fait mélangé à des cris de lions, de tigres ou encore de singes.

Voici donc la liste des films cultes dont nous avons choisi de vous révéler tous les secrets des bruitages et bandes sonores, ils sont dans ce livre triés chronologiquement par date de sortie en salles

1. King Kong (sorties 1933,1976,2005,2017)
2. Blanche neige et les 7 nains (sortie 1938)
3. Autant en emporte le vent (sortie 1939)
4. Godzilla (Sorties 1954, 1998, 2014)
5. Les dix commandements (sortie 1956)
6. Ben-Hur (sortie 1959)
7. Lawrence d'Arabie (sortie 1962)
8. Les oiseaux (sortie 1963)

9. Pour une poignée de dollars (sortie 1964)

10. Le bon, la brute et le truand (sortie 1966)

11. La nuit des morts vivants (sortie 1968)

12. La planète des singes (sortie 1968)

13. Orange mécanique (sortie 1971)

14. L'exorciste (sortie 1973)

15. Le Parrain (sortie 1974)

16. Les dents de la mer (sortie 1975)

17. Star Wars   (sortie 1977)

18. La saga Alien (sortie 1979)

19. Apocalypse now (sortie 1979)

20. Mad Max (sortie 1979)

21. Indiana Jones (sortie 1981)

22. E.T. (sortie 1982)

23. L' histoire sans fin (sortie 1984)

24. Les Gremlins (sortie 1984)

25. GhostBusters (sortie 1984)

26. Terminator (sortie 1984)

27. Retour vers le Futur (sortie 1985)

28. La couleur pourpre (sortie 1985)

29. Top Gun (sortie 1986)

30. La mouche (sortie 1986)

31. Ça (sortie 1986)

32. Robocop (sortie 1987)

33. Full Metal Jacket (sortie 1987)

34. Les incorruptibles (sortie 1987)

35. Die hard (sortie 1988)

36. Le grand bleu (sortie 1988)

37. Mississippi burning (sortie 1988)
38. Les affranchis (sortie 1990)
39. Jurassic Park/World (sortie 1993)
40. Entretien avec un vampire (sortie 1994)
41. Jumanji (sortie 1995)
42. Toys story (sortie 1995)
43. La saga Mission impossible (sortie 1996)
44. Mars Attacks (sortie 1996)
45. Titanic (sortie 1997)
46. Men in black (sortie 1997)
47. Anaconda (sortie 1997)
48. Il faut sauver le soldat Ryan (sortie 1998)
49. Matrix (sortie 1999)
50. En pleine tempête (sortie 2000)
51. Destination finale (sortie 2000)
52. Fast and furious (sortie 2001)
53. Harry Potter (sortie 2001)
54. Le Seigneur des anneaux (sortie 2001)
55. Le cercle (sortie 2002)
56. Resident Evil (sortie 2002)
57. Master and Commander (sortie 2003)
58. Pirates des Caraïbes sortie 2003)
59. Saw (sortie 2004)
60. The descent (sortie 2005)
61. Rec (sortie 2007)
62. la franchise Avengers (sortie 2008)
63. Avatar (sortie 2009)
64. 2012 (sortie 2009)

64. World War Z (sortie 2013)
65. Gravity (sortie 2013)
66. Interstellar (sortie 2014)
67. Howl (sortie 2015)
68. Everest (sortie 2015)
69. Ambulance (sortie 2022)
70. Treize vies (sortie 2022)
71. Elvis (sortie 2022)

Histoire de la bande sonore au cinéma

Les origines du son au cinéma se confondent avec les inventions de l'enregistrement sonore qui se sont succédé à partir de 1870 : celle du phonographe par Charles Cros, du phonograph avec enregistrements sur cylindre par Edison, et du Gramophone par Berliner et les premiers enregistrements sur disques.

En 1898, les frères Lumière mettent au point le Cinématographe permettant la projection d'images animées à partir d'images successives enregistrées sur une pellicule photosensible de 35 mm de largeur.

En 1900, Léon Gaumont diffuse le Portrait parlant en synchronisant la projection d'un film 35mm avec un disque. La reproduction sonore de grande puissance se fait au moyen d'un système à air comprimé. L'ensemble porte le nom de Chronophone.

En 1926, les producteurs américains finissent par s'engager dans la voix du cinéma sonore. Les frères Warner exploitent le procédé Vitaphone et en août 1926, ils présentent le premier grand film parlant et chantant : Jazz Singer (le Chanteur de jazz) où le son était enregistré sur un disque.... puis sur le film lui-même

Pour des raisons techniques et surtout commerciales, les compagnies américaines abandonnent l'enregistrement sonore sur disque et finissent par normaliser, en 1930, le film sonore avec un son enregistré photographiquement, directement sur le film.

Le film 35 mm avec piste étroite devient le standard mondial... et le reste encore à ce jour.

Les films ne comportent qu'une seule piste ; ils sont diffusés dans la salle au moyen d'un seul haut-parleur implanté derrière l'écran de projection. Cette situation reste principalement exploitée jusqu'en 1977 avec des améliorations technologiques procurant une meilleure qualité sonore…. Jusqu'à l'avènement du Dolby Stereo.

Dès le début du cinéma sonore, différentes tentatives virent le jour pour spatialiser la diffusion sonore dans les grandes salles, avec plusieurs enceintes. En 1932, Abel Gance met au point un tel système combinant orchestre dans la salle et son enregistré sur le film, pour la version sonore de Napoléon, mais sans suite.

En 1940, Walt Disney met au point, pour son film Fantasia, un procédé multicanal, le Fantasound, avec une diffusion sur trois canaux implantés derrière l'écran. Le procédé rencontre un grand succès auprès du public, mais reste sans suite en raison de sa complexité.

En 1952, la Fox présente le CinémaScope, avec projection d'images panoramiques et son spatialisé sur trois canaux d'écran et un canal d'ambiance. Le son est enregistré sur des pistes magnétiques déposées sur le film. Le procédé apporte une réelle amélioration de la qualité de la reproduction sonore par rapport au son photographique.

En 1954, pour agrandir les dimensions des images projetées et profiter des avantages du son magnétique, on exploite des copies en 70 mm avec 6 canaux de diffusion, cinq derrière l'écran et un canal d'ambiance. L'amélioration de la qualité audio est très audible.

En 1977, Ray Dolby, associe les réducteurs de bruit de fond à un système de spatialisation quadriphonique, pour proposer une reproduction sur quatre canaux à partir de copies 35mm à piste photographique. Il utilise la même disposition des haut-parleurs qu'en CinémaScope : c'est le Dolby Stereo. Ce procédé, plus simple à mettre en œuvre pour la fabrication des copies et beaucoup plus économique que les copies à pistes magnétiques, s'impose rapidement dans le monde entier. Il est ensuite amélioré dans le courant des années 1980 et sa qualité devient proche du son numérique sur CD audio, référence à l'époque.

En 1989-1990, KODAK-ORC présente le système CDS, avec enregistrement audio-numérique sur une piste photographique. La restitution est prévue sur cinq canaux, trois d'écran, deux canaux d'ambiance et un canal pour le renfort des fréquences basses (reproduction dite en 5.1). Le procédé ne sera jamais exploité commercialement, Kodak laissera le champ libre à Dolby et à DTS, déjà fortement engagés dans l'enregistrement numérique sur film.

À cette époque, se précise l'organisation de la diffusion sonore en salle avec 3 à 5 canaux d'écran, 2 canaux d'ambiance et un canal de renfort des fréquences basses. La disposition des enceintes reste celle héritée du CinémaScope avec 3 à 5 enceintes implantées derrière l'écran, une série d'enceintes disposées sur les murs latéraux de la salle et une enceinte pour la reproduction des fréquences basses. Ces dispositions sont désignées "5.1" ou "7.1", le premier chiffre correspond au nombre de canaux large bande (20Hz à 20kHz) et le second à celui des canaux à bande passante réduite 20 Hz à 200Hz environ pour la reproduction des fréquences basses.

Parmi les nombreux procédés numériques sur film 35 mm proposés, seuls trois ont été réellement exploités :

_ Le procédé DOLBY SR-D : Le son numérique est enregistré photographiquement sur les copies de film, séquentiellement, sous forme de pavés, entre les perforations d'entraînement du film. La diffusion se fait en 5.1

_ Le procédé DTS : Le son numérique est enregistré sur un disque numérique (comparable à un CD Audio). La synchronisation du disque se fait à partir d'un code temporel enregistré sur la copie. La diffusion se fait en 5.1

_ Le procédé SDDS (Sony) : Le son numérique est enregistré photographiquement sur la copie mais en continu, sur deux traces situées de chaque côté, entre les perforations et le bord du film. La diffusion se fait en 7.1

Quel que soit le procédé numérique, les copies d'exploitation conservent la piste analogique pour maintenir l'universalité de diffusion des films.

Théoriquement, les trois procédés numériques, bien qu'incompatibles entre eux à la reproduction, ainsi que la piste analogique, peuvent cohabiter sur une même copie 35mm.

La copie film est remplacée par des informations stockées sous forme numérique sur un serveur informatique. Le cinéma numérique se généralise rapidement à partir des années 2000. Le bouleversement est total pour l'industrie cinématographique. Pour le son, il y a une compatibilité totale avec les équipements en place aux formats 5.1 ou 7.1 et il est possible de disposer jusqu'à 16 pistes audio.

Jusqu'en 2012, la spatialisation dans les salles se fait uniquement dans le plan horizontal. Avec les projections en 3D (en relief), le son également en 3D commence à gagner les films à gros budget. Dolby met au point son procédé Dolby Atmos (pour « atmosphérique »). Les nombreuses pistes disponibles permettent de multiplier les canaux de diffusion pour spatialiser le son dans le plan vertical : des enceintes acoustiques sont implantées en nombre au plafond. Il est ainsi possible de disposer jusqu'à 64 canaux de diffusion dans la salle.

Ce procédé ne s'applique qu'aux salles spécialement équipées (à ce jour, une dizaine en France) ; les films comportent également les mixages en 5.1 et 7.1 pour les salles non équipées. Il se généralise très progressivement et gagne même le grand public, avec des installations de home cinéma en Dolby Atmos.

On ne reviendra plus à la pellicule traditionnelle, qui n'est d'ailleurs pratiquement plus fabriquée. Et les possibilités des systèmes numériques sont telles que de nouveaux modes de diffusion voient le jour.

1900, 3 août : Les Tribulations d'un photographe. Première projection « phono-cinématographique » donnée par Gaumont devant les membres de la Société française de photographie. Le film 35mm est projeté en synchronisme avec un phonographe à cylindre.

1927, 6 octobre : The Jazz Singer (Le chanteur de jazz), d'Alan Crosland, avec Al Jolson. Première mondiale de la projection sonore, au Warners' Theatre à New York City. Procédé Vitaphone, disque synchronisé avec un film 35mm. Reproduction monophonique

1940 : Fantasia, de Walt Disney. Premier film diffusé réellement en multicanal : 4 pistes, dont 3 pour le son, enregistrées photographiquement sur du film 35mm. Reproduction sonore sur 3 canaux d'écran.

1953, 18 juin : The Robe (La Tunique), de Henry Koster Présentation du procédé CinémaScope au cinéma Rex à Paris. Son spatialisé sur 4 canaux à partir d'enregistrements magnétiques sur la copie du film. Reproduction sonore sur 3 canaux d'écran et un canal d'ambiance (Format sonore 4.0)

1955 : Oklahoma, de Fred Zinnemann. Projection de film 70mm. Son spatialisé sur 6 canaux à partir d'enregistrements magnétiques sur la copie. Reproduction sur 5 canaux d'écran et un canal d'ambiance. Format sonore 6.0

1977 : Star Wars, de George Lucas. Considéré comme le premier film réellement projeté en Dolby Stereo. Format sonore 5.1

1990 : Dick Tracy, de Warren Beatty. Première projection en son numérique au cinéma, procédé CDS de Kodak/ORC. Format sonore 5.1.

1992, 15 juillet - Batman : Le Défi, de Tim Burton. Premier film exploité en Dolby SR-D, avec un son numérique enregistré photographiquement sur la copie. Format sonore 5.1

1993, 20 octobre : Jurassic Park, de Steven Spielberg. Premier film exploité en DTS, avec son numérique enregistré sur un disque numérique séparé, synchronisé par un code temporel avec le défilement du film. Format sonore 5.1.

1993, 6 octobre : Cliffhanger, de Renny Harlin. Premier film exploité avec le procédé SDDS avec son numérique enregistré photographiquement sur la copie, dans le format 7.1

2000, 2 février : Toy Story 2, film d'animation Walt Disney/Pixar. Premier "film numérique" projeté en France. Format sonore 5.1.

2009 : Avatar, de James Cameron. Son succès mondial a été à l'origine de la généralisation de l'équipement en cinéma numérique de la quasi-totalité des salles en France.

2012, 1er août : Brave (Rebelle), film d'animation de Mark Andrews. Premier film exploité en Dolby Atmos, avec son numérique spatialisé en "3D". Format sonore, jusqu'à 64 enceintes en fonction de l'équipement des salles.

Les dates mentionnées sont celles de la sortie en France.

Techniques de prises de son, doublages et effets sonores au cinéma

À l'origine du cinéma sonore, en 1928, le son était enregistré uniquement sous forme d'une piste photographique placée entre le bord des images et les perforations.

À cette époque, l'enregistrement magnétique n'étant pas opérationnel, tous les enregistrements destinés au cinéma se faisaient sur un négatif son qui devait être tiré photographiquement sur une émulsion positive pour être reproduit. Les mixages s'effectuaient en faisant défiler plusieurs bandes optiques en synchronisme. Leur mélange était enregistré sur un nouveau négatif son qui était ensuite utilisé pour le tirage des copies standards (copies comportant, sur un même support, les images du film et la piste sonore). Depuis 1952, tous les enregistrements s'effectuent sur support magnétique analogique puis, plus récemment, en son numérique.

Les sons directs sont enregistrés au moment de la prise de vues, généralement sur des magnétophones portatifs, tel le célèbre Nagra. Ces bandes comportent également une information de synchronisme sous forme d'une fréquence ou d'un code temporels permettant, par la suite, de synchroniser la bande sonore avec la bande image correspondante. En dehors des sons directs, l'ingénieur du son enregistre des ambiances, des sons seuls, le silence des lieux, etc., qui permettront au monteur de construire la bande sonore du film.

Le son direct exige de tourner avec des caméras parfaitement silencieuses. Depuis les années 1965, les constructeurs ont mis au point des caméras autonomes légères et silencieuses pouvant être tenues à la main (cinéma-vérité dans les années 1960) d'abord en 16 mm (Éclair, Aaton, Arriflex), puis en 35 mm (Aaton, Arriflex, Panaflex).

Pour tourner convenablement en son direct, il est également nécessaire que le niveau de bruit propre où a lieu le tournage soit inaudible, ce qui se trouve de plus en plus difficilement et empêche de tourner en son direct en décor naturel. Même les plateaux de prise de vues doivent faire l'objet de travaux très importants pour que leur niveau de bruit de fond soit compatible avec le son direct. Lorsque les conditions de bruit de fond ne permettent pas d'enregistrer un son direct, le son enregistré porte le nom de « son témoin » ; il sera utilisé comme référence lors de la postsynchronisation.

Tous ces enregistrements (son direct, sons seuls, ambiances, sons témoins, etc.) sont ensuite recopiés sur des bandes magnétiques perforées de même format que la bande image (16 ou 35 mm) et restent synchrones avec cette dernière grâce à l'information de code. Cette opération porte le nom de « repiquage ». Ce sont ces bandes perforées qui serviront pour le montage de la bande sonore du film et qui seront ensuite utilisées pour le mixage du film.

D'autres techniques sont également employées pour constituer la bande sonore d'un film : la postsynchronisation, le play-back, le doublage.

La postsynchronisation : La postsynchronisation est appliquée lorsqu'il n'a pas été possible de travailler en son direct lors du tournage (bruits parasites, acteurs ne parlant pas la même langue, etc.). En auditorium, les comédiens réenregistreront les mêmes paroles qu'au moment du tournage en se référant au son témoin. Pour conserver le synchronisme entre le son et le mouvement des lèvres, le texte que doit prononcer chaque comédien défile sous l'image à postsynchroniser. Ce texte est écrit sur une bande perforée spéciale défilant horizontalement et qui porte le nom de « bande rythmographique ».

Les bruitages : Si les sons directs n'ont pu être enregistrés, il en aura probablement été de même pour les effets synchrones (bruits de pas, portes, etc.). Ces effets devront aussi être réenregistrés en auditorium. La technique consiste à projeter les images en présence d'un bruiteur qui, à partir d'accessoires très divers, reconstitue les bruits en synchronisme avec les images qui lui sont projetées. Dans les cas simples, on peut faire appel à une sonothèque (bruits d'animaux, de voiture, etc.).

Le play-back : Dans certains cas, il est plus facile pour les comédiens de jouer sur un son déjà enregistré et diffusé lors du tournage. Cette technique est souvent appliquée pour les films musicaux (Les Parapluies de Cherbourg, Don

Giovanni, etc.). Cette technique est aussi très utilisée en télévision.

Après Les Parapluies de Cherbourg, Jacques Demy réalise Les Demoiselles de Rochefort (1966), à nouveau en collaboration avec Michel Legrand. Le film, qui alterne séquences dialoguées, chantées et dansées, est un hommage à la comédie musicale américaine.

Le doublage : Le doublage est nécessaire dans le cas où les films sont tournés dans une langue différente de celle de leur exploitation.

Les ambiances : Un nouvel élément de la bande sonore des films. Au cinéma, le terme « ambiance » peut revêtir plusieurs significations. Il s'entend au sens de l'ambiance générale que le spectateur peut ressentir en visionnant le film : il s'agit alors d'une atmosphère globale, d'un climat qui relève du sensible et s'installe par la conjonction de multiples éléments perçus dans la matière de l'expression filmique. Mais l'ambiance peut être également appréhendée comme étant l'un des éléments constitutifs de la bande sonore : dans ce cas on considère un son enveloppant, placé en arrière-plan, derrière d'autres sons plus saillants comme les bruits ou les voix. Cette ambiance sonore immerge fréquemment le spectateur dans un lieu ou un milieu environnant.

Depuis la fin des années 1970, les ambiances sonores ont pris une importance sans cesse croissante dans la construction des bandes-son des films de fiction. Ainsi, progressivement, et de plus en plus au cours des années 1990 et des suivantes, chaque instant d'un film – même le plus silencieux – devient un assemblage d'éléments sonores et s'apparente à une construction.

L'ambiance s'immisce partout, entre deux moments dialogués, autour de passages musicaux ou à l'arrière-plan d'événements sonores ou de bruits. Parfois à peine perceptible, elle est néanmoins omniprésente. « Un fond sonore est créé par la circulation de bruits passagers et contingents dont les sources sont le plus souvent invisibles ; le spectateur ne voit pas précisément les sources de la production des sons, même si, sauf exception, le contexte, le lieu et le décor sont identifiés. Cette caractéristique rend le statut de l'ambiance sonore bien spécifique puisque le corps sonore à l'origine des voix et des bruits est d'ordinaire visible à l'image.

Dans son article « Atmosphere as the Fundamental Concept of a New Aesthetics », Gernot Böhme décrit la notion d'atmosphère comme l'objet premier de la perception. Il précise que « ce qui est perçu en premier et sans médiation, ce ne sont pas les sensations, les formes, les objets ou leurs constellations – comme la psychologie de la Gestalt l'a pensé –, mais les atmosphères. Elles sont l'arrière-plan sur lequel le regard analytique distingue les choses telles que les objets, les formes, les couleurs, etc.

Dans le contexte de la perception cinématographique, l'ambiance sonore contribue de manière prépondérante à l'atmosphère, elle est un fond enveloppant qui englobe le spectateur et contribue à qualifier le lieu de l'action ; elle devient même le soubassement narratif dont s'extraient les actions. De l'impalpable rumeur à l'envahissante cacophonie, l'ambiance sonore nous entoure mais disparaît graduellement de notre conscience dans la continuité de sa présence. Elle est ce lieu d'où surgissent les saillances sonores et visuelles ; pour le spectateur, elle est un fond sur lequel surviennent les événements narratifs.

L'ambiance sonore au cinéma n'est néanmoins pas une invention de la fin du xxe siècle. On peut l'entendre, même sous sa forme la plus discrète et la plus ténue, dans différents films des années 1950 : par exemple, au moment de la préparation du meurtre dans Les Diaboliques, durant l'évasion des prisonniers de la prison de Montluc dans Un condamné à mort s'est échappé, ou encore lorsque le personnage est bloqué en pleine nuit par une coupure de courant dans la cabine d'Ascenseur pour l'échafaud

Ces moments sonores sont des quasi-silences, non des vides mais des creux. Ils se révèlent principalement à la perception du spectateur par le rythme vivant et trépidant du souffle granuleux produit par la piste optique et les techniques analogiques d'alors. Ce souffle est dramatiquement beau, il nous plonge dans une vibrante attente et permet au moindre bruit de surgir de cette continuité.

Dans la célèbre séquence du duel final du Bon, la Brute et le Truand (1966), de Sergio Leone, on entend nettement le souffle chaud du vent dans la fournaise, les chants d'oiseaux et la stridulation des insectes du désert

: l'ambiance émerge comme un élément moteur du récit, au même niveau sonore élevé où pourraient se situer une musique ou des bruits discrets.

L'ambiance est devenue un élément central et incontournable du travail de la création sonore à l'image. Dans sa fabrication même, l'ambiance sonore engage une méthodologie complexe et un temps de travail important. L'arrivée du son multicanal à la fin des années 1970 puis l'apport des technologies numériques au cours des années 1980, et tout particulièrement la réduction massive du bruit de fond liée à la digitalisation du signal, ont permis un accroissement considérable de la dynamique.

Ainsi, il est désormais possible de reproduire des écarts beaucoup plus importants entre les niveaux sonores les plus élevés et les plus faibles. Les silences d'autrefois, seulement habités par les trépidations du souffle de la bande magnétique ou de la piste optique, sont aujourd'hui des couches de sons minutieusement agencées pour produire des tableaux comme celui de la sensation feutrée d'une clairière, de la quiétude de la nuit ou d'une rumeur urbaine lointaine.

En France, le travail de cette matière sonore mobilise systématiquement un technicien spécifique : le monteur son des ambiances et des effets (qui travaille en coopération avec le monteur son des sons directs et des paroles). L'attente fébrile qui, dans le récit, précède le moment précis où la vie des personnages bascule ne peut plus se traiter par un véritable silence noyé dans le souffle des technologies analogiques. Le silence total serait un vide numérique totalement incompréhensible et dérangeant pour le spectateur contemporain.

L'ambiance la plus ténue se construit maintenant comme les autres arrière-plans sonores, par l'association de différents éléments comme des « silences plateau » issus du tournage ou des « fonds d'air » enregistrés par ailleurs ou issus de sonothèques. Le monteur son est un bâtisseur, il construit l'ambiance par une succession de couches qui confèrent à l'environnement sonore à la fois des fondations, une ossature et des ornements.

Au-delà de la question du silence, « le spectateur lui-même a été habitué à entendre davantage de sons qu'auparavant ». Il n'accepte plus d'être soumis à un arrière-plan toujours totalement sobre et stylisé, composé de quelques sons symboliques sur lesquels émergent bruits, paroles et musiques. Un certain réalisme sonore domine aujourd'hui ; même dans les cas les plus épurés, le fond est tissé d'un tapis subtil qui habite l'espace. Nadine Muse évoque le travail qu'elle réalise avec Michael Haneke : ce dernier écoute plus de vingt sons pour trouver le silence d'appartement qui lui convient, puis il lui demande d'en monter une très grande quantité avant de finalement, peu à peu, les retirer un à un et ne garder que l'essentiel.

Cette évolution qui touche à la fois les pratiques de production, la sémiologie, l'esthétique audiovisuelle et la réception filmique a été impulsée par la dynamique sans fin de l'innovation des techniques de l'industrie cinématographique. Martin Barnier a montré que les changements technologiques n'avaient pas émergé subitement au moment de l'arrivée du cinéma parlant : ils étaient issus d'une lente éclosion qui incluait les multiples démarches des inventeurs, l'activité productive des industries et les attentes des spectateurs.

Aussi la présence des ambiances au cinéma est-elle le fruit d'une évolution qui engage l'amélioration des systèmes de diffusion en salle (et les normes mises en place), la digitalisation du signal, l'usage de stations de travail audionumériques, l'introduction du son multicanal, l'avènement et la généralisation du monteur son, les désirs des spectateurs et ceux de certains producteurs et/ou réalisateurs de s'emparer de ces nouvelles formes d'expression rendues possibles par les avancées techniques.

On peut d'ailleurs poser un regard critique sur le processus de travail actuel de la fabrication du son d'un film. « En 1970, on ne montait pas les sons sans monter dans le même temps les images, on ne parlait ni de montage son ni de design sonore.

C'est donc dans un aller et retour permanent à la table de montage que la construction peut se faire. » Daniel Deshays s'inquiète de la dérive qui conduit à penser la construction sonore dans un rapport de synchronisation à l'image : l'image et le son deviennent redondants et peu créatifs dans leurs relations ; l'idée de créer une partition sonore qui retrouverait son autonomie vis-à-vis de l'image permet d'envisager d'autres niveaux d'interaction.

Comment se construit l'ambiance au sein d'une bande sonore ?

L'ambiance sonore cinématographique est une construction mise en œuvre majoritairement par le monteur son, au moment de la post-production, pour interagir avec tous les éléments du film. L'ambiance est posée sur des images et des sons issus du tournage, pour un récit déjà écrit, tourné et monté. L'essentiel du film est déjà là lorsque le monteur son sélectionne des sons d'ambiance additionnels pour les mettre en relation avec les scènes visuelles et les sons déjà posés par le monteur.

Ainsi, « le plus beau son » n'est pas nécessairement le son le mieux adapté à un plan ou une séquence audiovisuelle. Car le son au cinéma n'est pas un son isolé, in abstracto. Sa présence dépend du contexte plus large du film : son propos et son esthétique, le récit, les images et les espaces qu'elles décrivent, leurs mouvements et leurs rythmes, les conventions d'effacement des traces de fabrication du montage, les habitudes de travail, etc., mais aussi, bien entendu, de l'imaginaire du réalisateur et du monteur son. C'est à partir de ce contexte élargi qu'une bande sonore intègre « le » son le plus approprié pour contribuer à l'ambiance qui doit être installée à ce moment précis

Une des complexités du travail du monteur consiste à identifier les sons dont il a besoin en échangeant avec le réalisateur, en auscultant le film monté, en écoutant des sons pour repérer le cas échéant leurs qualités ad hoc et leur potentiel d'expression. Il doit également savoir, par expérience, anticiper leur interaction avec le film. Car, une fois associé à l'image, le son interagit et fusionne avec celle-ci ; les deux éléments, mis en relation, ne font plus qu'un. Lorsque le spectateur « fictionnalise », il est « mis en phase», et sa perception et le mouvement de son interprétation s'appuient non pas sur une séparation des formes audibles et visibles mais sur un tout signifiant, c'est-à-dire une entité narrative perçue dans sa globalité.

Michel Chion affirme ainsi qu'il n'y a pas de bande-son, et rappelle l'indivisibilité des éléments sonores et visuels : notre perception de spectateur ne suit pas les images et les sons indépendamment, et moins encore les différents sons séparément les uns des autres, mais bien les associations qui font sens dans l'avancée du récit.

Pourtant, dans le travail de la création sonore au cinéma, la bande-son est disséquée en plusieurs types de sons distincts, placés sur différents regroupements de pistes (les « stems ») sur l'interface éditeur de montage de la station de travail. On différencie ainsi les voix, les effets (ou bruits), les ambiances et les musiques. Dans ce contexte, une ambiance pourrait être décrite comme un son qui n'est ni une voix, ni une musique, ni un bruit synchrone à l'image (le cas des effets sonores comme des pas, des coups de feu, un claquement de portière...). Elle est assemblée par différentes couches de sons.

Loïc Prian explicite les raisons du travail par couches :

Si tu écoutes un très beau son de forêt issu d'un CD des bruits de la nature, il va être d'une extrême richesse, chargé de tous les indices possibles de la forêt. Quand tu le places sur tes images, il ne correspondra jamais à la spécificité de ta séquence. Il faut décomposer le son pour le construire comme tu le souhaites. Tu prends d'abord des fonds sonores très légers, juste pour donner un tapis. Puis sur d'autres pistes de ton éditeur tu ajoutes quelques chants d'oiseaux adaptés, en plan d'ensemble par exemple parce que tes images ne montrent pas d'oiseaux proches. Puis tu places des insectes lointains, quelques craquements de branches, des souffles de vent dans le feuillage et quelques rafales.

Tous les sons sont séparés les uns des autres et peuvent être ensuite mixés indépendamment pour favoriser tel ou tel élément. Jean-Pierre Halbwachs explique lui aussi ce travail, en discriminant les différents niveaux de l'ambiance intérieure d'un appartement haussmannien :

Je prévois la scène d'abord dans un silence. Ensuite, je monte des éléments de plus en plus structurants, par exemple la circulation entendue de derrière la fenêtre, des présences dans les couloirs, une piste avec le bruit d'un radiateur mal purgé [...]. C'est une base qui restera même si on retire toute la narration sonore. Ensuite viennent seulement les tic-tac de la pendule. Il peut arriver ensuite une seconde couche narrative, non réaliste, qui va matérialiser le stress, l'attente, le temps qui passe [...]

Le choix des sons retenus pour un film est un processus d'une grande complexité qui dépend du son lui-même, du film, du monteur son et des intentions du réalisateur. Le genre filmique, les événements du récit, les décors, l'acoustique du lieu, la proximité des sources sonores visualisées et les caractéristiques des sons directs issus du tournage sont autant de paramètres essentiels. Interviennent également l'univers et la culture filmique du monteur son, de même que ses habitudes de travail et sa mémoire auditive.

Le réalisateur est rarement présent lors de cette phase de montage son, alors qu'il suit généralement de près les phases précédentes et suivantes : le montage du film et le mixage. S'il tente d'exposer au monteur son, souvent au cours du visionnage du film, ses principales intentions et partis pris sonores, il ne sait pas toujours les communiquer et il est plus souvent capable de réagir à des propositions concrètes qui lui sont faites.

Valérie Deloof explique ainsi son choix des sons : lorsqu'il est possible d'« aller contre l'image », tous les champs deviennent envisageables, mais en général les décisions sont liées à « un rythme de montage, à un rythme de film, à un jeu de comédien, à une manière de cadrer ». Selim Azzazi suit une démarche personnelle qui est systématiquement guidée par une recherche de mise en scène du son :

Pour moi, la mise en scène sonore oblige le monteur son à se mettre dans la tête des personnages du film. Tout ce que j'entends dans le film, c'est ce qu'entendent les personnages et qui a à voir avec l'intériorité des personnages. Là, tu te dis : Qu'est-ce qui est important pour lui ? À quoi pense-t-il ? Qu'est-ce qu'il entend ? Est-ce qu'il fait attention à son environnement ? Là, tu deviens un décorateur du son, tu observes les décors et l'environnement et ça te donne un champ des possibles. Tu t'interroges aussi sur le chemin dessiné par le son. Qu'est-ce que j'ai pour aller de là à là ? C'est aussi pour cela que le plus beau son n'est pas le meilleur son […].

Dans ma méthode, il y a deux choses : les sons possibles par décor et l'architecture narrative du film.

Nadine Muse expose une situation concrète récurrente :

Dans une scène de rue, deux personnages se parlent avec en arrière-plan une intense activité de circulation automobile. Comment faut-il traiter les passages des véhicules ? C'est là qu'il est important de savoir ce qui prime dans la séquence, car on peut mettre les sons de la ville très fort, mais il est également possible de les retirer totalement. Et personne ne dira en voyant le film : « Mais on n'entend pas les voitures ! »

L'acte de choisir et de poser tel ou tel son (dans l'exemple ci-dessus il s'agit en fait davantage de conserver ou non ce son au mixage) est le révélateur de l'activité d'analyse et des intentions d'écoute du monteur son, des indices qu'il perçoit dans l'image, dans le son et dans leurs correspondances.

Différents usages des ambiances cinématographiques. Comme l'expose Claude Bailblé, « l'attention domine la perception » lorsqu'il s'agit d'essayer de comprendre les mécanismes mis en œuvre par le spectateur de cinéma de fiction. Le « travail cognitif » opéré par le spectateur mais également par le monteur son est très différent de celui qu'ils mobilisent dans la vie ordinaire. Il consiste ici, par une succession d'attentions, à reconstruire une continuité narrative à partir de plans et d'ellipses. Le monteur son « voit des corps, des expressions sur les visages, des gestes, il entend des voix, des intonations. Il construit progressivement un récit à travers une fenêtre d'attention qui ne s'intéresse pas au réel, mais à une fenêtre ouverte sur l'attention d'un narrateur » (ou de l'instance d'énonciation dans son ensemble, constituée par l'auteur, le réalisateur et la totalité des acteurs de la fabrication du film). Il sait qu'il est face à un récit de fiction et accepte de procéder à une suspension volontaire de l'incrédulité.

Claude Bailblé aborde également la question de la contraction du temps dans un film lorsque ce dernier représente un récit qui est censé durer trois ans alors que le film ne dure qu'une heure trente, ou qu'un événement comme une soirée supposée durer trois heures ne dure à l'écran que dix minutes. « Mais où sont passées les minutes manquantes !? Elles ont été avalées par le son, qui grâce à son background continu, à son mixage et à son ambiance, fait disparaître l'ellipse dans un ciment colmateur. » C'est au cours de la « mise en phase » que ce processus s'enclenche spontanément de façon préconsciente.

Dans les exemples cités, chacun, dans son travail par couches, pour recréer le son de la forêt, l'appartement haussmannien ou la circulation automobile, construit l'ambiance à partir d'un tapis, dont l'une des caractéristiques principales est de créer une continuité temporelle. Celle-ci installe une relation entre le découpage des images et les discontinuités du montage des dialogues, au point de donner l'illusion d'une permanence. L'ambiance linéarise les images.

Michel Chion parle de « linéarisation temporelle » des images par les sons agissant comme un liant intégrateur. Ce son, de faible niveau, ne sera pas réellement écouté par le spectateur, mais seulement entendu. L'objectif du monteur son est de recréer une telle continuité narrative au sein de la séquence et au-delà, en gommant les marques de la segmentation des plans et des raccourcis produits par les ellipses. Cette couche d'ambiance est principalement fonctionnelle. Elle sert de raccord spatio-temporel en effaçant toute trace de fabrication, en fluidifiant les coupes du montage et en uniformisant les variations des valeurs de plan et les changements d'axes de la caméra. Elle constitue aussi l'élément premier de l'épure sonore, peu marquée et peu expressive, au cas où le réalisateur demanderait au moment du mixage de retirer dans l'ambiance tous les autres sons plus signifiants. C'est ce qu'explicite

Valérie Deloof : Les strictes contraintes de temps imposées pour effectuer le travail obligent souvent à se préoccuper davantage des éléments les plus importants, les plus signifiants, plutôt que des fonds d'airs qui ont majoritairement une vocation technique, qui permettent de faire un lien, de donner une texture de base, mais qui n'apportent rien narrativement ou émotionnellement.

Selim Azzazi évoque une autre mission de l'ambiance, certainement la plus intuitive lorsque le professionnel recherche des sons pour peupler et habiter l'espace de ces images : savoir décrire un décor. Une fonction primordiale du son est de renforcer la cohérence du lieu que l'image et la situation décrivent. Le terme « son-territoire » a été défini par Michel Chion pour décrire le son de l'ambiance englobante qui sert à identifier un lieu. Murray Schafer utilise l'expression « marqueur sonore » pour expliciter l'idée selon laquelle ce dernier constitue un des éléments essentiels d'un son pour qualifier un endroit.

Dans le film Dans la tête d'un monteur son, Selim Azzazi explique : Chaque décor définit un champ sémantique. La plage. La ville. Le métro. Dans un cadre réaliste, vous allez avoir une liste des sons possibles. Dans une rue par exemple, je vais avoir un certain nombre d'éléments sonores vraisemblables, que je vais aussi adapter en fonction de ce que l'histoire raconte.

Ainsi, l'univers plausible de l'appartement haussmannien est constitué de sons multiples : des sons provenant de l'intérieur de l'appartement, des manifestations de la circulation automobile perçue fenêtre ouverte ou fermée, à travers un simple ou un double vitrage, des vibrations sourdes du passage du métro dans les sous-sols parisiens, des leçons de piano ou des répétitions hésitantes du voisin, des glouglous du radiateur, des bruits de pas sur le parquet qui craque... C'est tout un univers bien spécifique qui peut être décrit et vient enrichir, par des sons « in » ou « hors champ », la scène visuelle et le contexte dans lesquels les événements se déroulent.

Le décor sonore recrée l'identité sémiologique d'un lieu, mais détermine aussi un espace acoustique. Chaque son peut être localisé dans l'environnement et suivre, par ses déplacements, les mouvements de l'image ou les mouvements perçus dans l'image. Les évolutions dans ce domaine permettent des rendus toujours plus réalistes et plus immersifs.

Une approche de la recréation d'un tel espace consiste à envisager des cercles concentriques situés autour du point d'écoute. Il devient alors intéressant de structurer l'espace en plaçant les différents éléments sonores de ce décor sur ces cercles, en fonction de la distance et des effets qu'elle induit sur le son.

Si l'ambiance, par sa nature continue, semble vouée à accompagner des lieux et des décors dans une certaine monotonie, il n'en est rien. Elle n'a aucune obligation d'être figée, invariable ou uniforme. Au-delà de ses missions fonctionnelles et descriptives, elle peut accompagner, suivre et enrichir le développement et l'avancée de la narration par une matière à la fois mouvante et irrégulière. Samy Bardet reprend les réflexions de Selim Azzazi en citant l'exemple d'une ambiance d'aéroport, dans le cas d'une scène où le personnage principal est soumis au stress tandis qu'il traverse une aérogare. Ainsi, comme l'exprime Selim Azzazi, l'ambiance peut évoluer et suivre les moments pivots, c'est-à-dire :

Les moments où le personnage réalise quelque chose sur lui-même, sur les autres ou sur les événements, ce qui va l'obliger à prendre des décisions et à agir. […] Ces moments pivots doivent être très clairs sinon le spectateur ne suit pas les enjeux de l'histoire. Le monteur son a une responsabilité énorme sur ce point en tant que collaborateur de réalisation.

Par ailleurs, comme le précise Nadine Muse, il est intéressant de trouver des sons qui vont interagir avec le récit et les émotions du spectateur en introduisant des accidents sonores :

À tel endroit, il y a un train qui croise, une sonnette de gare, des gens qui passent, des voix, un crissement de freins, un aiguillage, un passage rythmé […]. On a tout repéré à l'avance pour après les placer à des endroits stratégiques demandés par le réalisateur.

La dimension narrative constitue une autre fonction de l'ambiance. Par exemple, le travail effectué par Loïc Prian sur l'ambiance de la forêt révèle la place des oiseaux, des craquements, des souffles du vent.

Ces éléments – c'est là toute la puissance du sonore – contribuent à insuffler à la séquence une infinité de significations possibles. Les cris des oiseaux sont-ils mélodieux ou nasillards, harmonieux et musicaux ou stridents et agressifs ? Sont-ils discrets ou piaillants ? Sont-ils dispersés ou menaçants par leur nombre et leur densité ? Rappellent-ils des rossignols ou des corbeaux ?

Les craquements des branchages ne font-ils qu'apporter un peu de réalisme à cette forêt ou sont-ils mis en avant, avec saillance et brutalité ? Le vent est-il paisible et porteur d'une douce quiétude en faisant doucement osciller les feuilles frêles, ou sifflant, glacial et agressif ?

Ces qualités intrinsèques des sons ne suffisent pas, à elles seules, à rendre le potentiel expressif d'un événement, d'une situation ou d'une séquence filmique. Le rapport de forme entretenu avec l'image, avec le montage, le caractère « in » ou « hors champ » du son et, bien sûr, l'interaction des significations image-son sont tout aussi cruciaux. Selon Jean-Pierre Halbwachs, le chant d'un oiseau ou les notes d'une boîte à musique peuvent être traités et mis en correspondance avec des images pour susciter un malaise et transformer ces petits sons charmants en des ambiances particulièrement inquiétantes.

Les sons d'ambiance, même réels ou réalistes, sont loin de s'en tenir à décrire un espace et un paysage sonore naturels ou urbains. Ils viennent appuyer la narration, donner de l'expressivité aux situations en accord avec le récit.

Jean Goudier précise qu'une ambiance de vent ne peut pas être mémorisée ni sifflotée comme une musique, mais est parfaitement capable d'induire un sentiment sans qu'on sache vraiment d'où ça vient. L'absence ou l'arrêt d'un son peut manifester une angoisse ou une inquiétude. Selim Azzazi fait la distinction entre le montage son et la création musicale :

On n'arrivera jamais à de la musique, on n'a pas de construction harmonique. En montage son, tu ne peux pas parvenir à développer un thème avec un instrument, le répéter, le réarranger, le multiplier, le réinterpréter avec tout un orchestre. Il explicite l'usage non réaliste des ambiances avec le cas des nappes sonores : pour lui, l'idée principale consiste à penser les nappes de façon qu'elles deviennent un pré-écho à la révélation d'un enjeu dramatique. Ces nappes nous tirent vers quelque chose que l'on va découvrir, et le choix de la texture (le métal, l'air, le feu, le léger, le lourd...) doit être en relation avec cette découverte.

Deux cas distincts d'ambiance narrative émergent : celui où l'ambiance est de nature réaliste, et celui où à l'inverse elle adopte une matière qui ne cherche pas à s'approcher d'une forme naturaliste mais s'oriente vers une expression qui contient moins d'indices du réel et est moins identifiable.

Pour conclure sur une proposition de typologie des ambiances. Ce travail nous conduit à proposer une typologie des différents usages fondamentaux des ambiances sonores, à travers une catégorisation qui pourra se complexifier par un apport de propositions complémentaires.

Le premier usage, fonctionnel, s'appuie sur la dimension continue du sonore. Le son n'existe que dans sa durée et sa permanence ; il permet de servir de lien spatio-temporel en effaçant toute trace de fabrication due à la discontinuité du montage. Cette ambiance est construite, a minima, par la première strate du son, la plus effacée, la moins saillante, la moins écoutée, souvent un silence plateau ou un son de faible niveau comme un fond d'air.

Le deuxième usage, la fonction « territoire », permet de décrire une zone géographique circonscrite, un lieu et plus spécifiquement dans un film de fiction, un décor. Elle qualifie cet endroit de façon généralement réaliste et s'appuie sur une trame complexe où sont associés différents éléments sonores qui constituent un tout cohérent et retranscrivent l'atmosphère de cet espace délimité.

Le mixage – l'étape qui succède au montage son – permet au réalisateur de faire les choix finaux, de retenir tel ou tel son et de trouver les équilibres adaptés, les traitements acoustiques pertinents, et de créer une représentation de l'espace sonore par la localisation des sons.

Le troisième usage, fondamental dans le cas de la fiction, est celui de l'ambiance narrative. Dans ce dernier cas, le plus créatif, l'ambiance participe activement de la trame narrative et vient servir le récit. Il est possible de distinguer les situations où d'une part l'ambiance est réaliste et s'appuie sur des sons dont les sources sont issues du monde physique (comme celles du décor) et d'autre part le cas de sons abstraits, dont les références au réel sont distantes et au sein desquels les indices signifiants ne renvoient pas à la matérialité des objets et du monde tangible. L'ambiance peut alors se mélanger à des formes musicales ; elle peut muter au point qu'il devienne difficile de séparer ce qui provient des sons ambiants et ce qui provient des sons produits par des sources instrumentales. Ces sons d'ambiance imprègnent d'autant plus le film que leur caractère inécouté les rend plus subtils, voire sournois.

Le processus de création des ambiances narratives devient un travail de composition qui met en scène non seulement les qualités intrinsèques des sons, mais la façon dont, par association, par congruence ou par opposition, ces sons résonnent avec l'image.

Le prolongement de cette étude pourrait très certainement conduire à affiner davantage les usages et les catégories proposés. Il apparaît que la dimension immersive, par un travail précis sur le rendu et la multiplication des sources sonores environnantes, peut constituer un usage en soi. De même, la dimension sensorielle, en particulier les ambiances qui utilisent des sons d'une très grande clarté et définition ou des sons captés à proximité de la source, permet de faire entrer le spectateur dans une intention d'écoute différente. Ainsi, en jouant sur la distance d'une captation, on métamorphose profondément les caractéristiques acoustiques du son, son grossissement, sa présence, sa précision, son mouvement et, phénoménologiquement, on influence considérablement les effets engendrés sur notre perception.

Sons et bruitages dans King Kong

Les films King Kong ont été réalisés avec des effets sonores sophistiqués pour donner vie au gorille géant et à l'environnement fantastique dans lequel il évolue. Les sources de bruitages pour les films King Kong comprennent une variété de sons naturels et créés en studio.

Pour les rugissements de King Kong, les ingénieurs du son ont combiné des enregistrements d'éléphants, de lions, de tigres et de gorilles pour créer un son unique et impressionnant. Ils ont également utilisé des enregistrements de gorilles en captivité pour obtenir des sons plus spécifiques au gorille.

Pour les bruits de pas de King Kong, ils ont utilisé une variété de techniques. Pour les plans de pieds à l'écran, les acteurs ont marché sur des planches de bois ou des plaques de métal pour produire un son fort et régulier. Pour les plans plus larges, les ingénieurs ont créé des sons de pas en utilisant des enregistrements de bruits de pas d'animaux tels que des éléphants et des rhinocéros, auxquels ils ont ajouté des effets sonores pour amplifier le son et ajouter une dimension plus dramatique.

Les autres bruits environnementaux ont été créés en utilisant des sons naturels enregistrés dans des jungles et des forêts, ainsi que des sons artificiels tels que des grincements de porte et des coups de tonnerre pour ajouter une tension supplémentaire.

Sons et bruitages dans Blanche neige et les 7 nains

Le film d'animation "Blanche-Neige et les sept nains" est sorti en 1937 et a été un véritable succès pour Disney. Les bruitages de ce film ont été créés à l'aide de techniques et d'outils de l'époque. Les sons ont été ajoutés lors de la post-production du film.

Le son des animaux a été enregistré directement sur le terrain. Les bruitages des pas ont également été enregistrés en studio en utilisant des chaussures à semelles spéciales sur une variété de surfaces.

Les bruitages pour les personnages ont été enregistrés en studio. Les voix ont été enregistrées sur des bandes magnétiques séparées pour chaque personnage et chaque chanson. Les bruitages des mouvements ont été ajoutés en utilisant des objets tels que des tissus, des boîtes et des outils pour créer les sons spécifiques des personnages.

Le son de la pomme empoisonnée qui tombe dans la main de la méchante sorcière a été créé en enregistrant le son d'une pomme qui tombe sur une surface dure en studio. Le son du miroir magique a été créé en utilisant une plaque de verre spéciale avec une surface rugueuse, qui a été frottée avec un archet de violon.

Les bruitages de "Blanche-Neige et les sept nains" ont été créés à partir d'une combinaison de sons enregistrés en direct, de sons créés en studio à l'aide d'objets et d'instruments spéciaux, ainsi que de voix et de chansons enregistrées en studio. Les techniques utilisées pour créer ces bruitages ont peut-être évolué depuis lors, mais leur importance pour donner vie au monde fantastique de Disney est toujours aussi importante.

Sons et bruitages dans Autant en emporte le vent

Le film « Autant en emporte le vent » est un classique de l'histoire du cinéma. Réalisé en 1939 par Victor Fleming, il a été un véritable succès au box-office et a remporté plusieurs Oscars. Le film est un drame romantique qui raconte l'histoire de Scarlett O'Hara et de Rhett Butler, deux amants éperdus qui vivent pendant la guerre de Sécession aux États-Unis. Le film est également connu pour sa bande sonore émouvante et pour les bruitages qui ont été utilisés pour ajouter du réalisme aux scènes.

Les bruitages dans le film Autant en emporte le vent ont été utilisés pour ajouter de l'authenticité aux scènes. Ils ont été enregistrés à l'aide de diverses techniques pour donner l'impression que les événements à l'écran sont réels. Par exemple, pour les scènes de batailles, des explosions et des tirs de canon ont été utilisés pour donner l'impression que les personnages se trouvent en plein cœur d'un conflit armé. Les bruits de pas ont également été enregistrés pour donner l'impression que les personnages marchent sur des terrains différents, comme de l'herbe, de la boue ou des graviers.

Les effets sonores ont également été utilisés pour souligner les moments émotionnels du film. Les pleurs et les sanglots des personnages ont été enregistrés pour donner l'impression que les acteurs ressentent vraiment les émotions qu'ils dépeignent. Les bruits de vent, de pluie et d'orage ont également été utilisés pour souligner les moments dramatiques et ajouter du suspense aux scènes.

Les bruitages dans le film Autant en emporte le vent ont été soigneusement choisis pour ajouter de la réalité aux scènes et pour souligner les moments émotionnels. Ils ont été enregistrés avec soin pour donner l'impression que les événements à l'écran sont réels et pour permettre aux spectateurs de s'immerger dans l'histoire. Les effets sonores ont contribué à faire du film un classique du cinéma et ont été utilisés comme modèle pour de nombreux autres films par la suite.

Sons et bruitages dans Godzilla

Les films Godzilla sont connus pour leurs effets sonores impressionnants, notamment les rugissements emblématiques du célèbre monstre. Les sources des bruitages utilisés dans les différents films de la franchise sont variées et incluent des enregistrements de divers animaux ainsi que des sons synthétisés.

Pour les rugissements de Godzilla, les ingénieurs du son ont utilisé des enregistrements de baleines, de lions, de tigres et d'éléphants qu'ils ont ensuite modifiés et mixés pour créer un son unique et identifiable. Dans les films plus récents, les sons ont été davantage traités par ordinateur pour leur donner une dimension encore plus épique et terrifiante.

Pour les bruits de pas de Godzilla, les ingénieurs du son ont créé des sons en utilisant des chaînes traînées sur le sol, des basses fréquences et des sons d'impact pour donner l'impression de la masse colossale du monstre.

D'autres créatures ont également leur propre gamme de bruitages dans la franchise Godzilla. Par exemple, pour les cris stridents de Mothra, les ingénieurs du son ont utilisé des enregistrements de voix humaines transformées numériquement. Quant aux grognements de Rodan, ils ont été créés en utilisant des enregistrements de coups de tonnerre modifiés.

Sons et bruitages dans Les dix commandements et Ben-hur

Les films "Les dix commandements" et "Ben-Hur" sont deux grandes productions cinématographiques épiques qui ont marqué l'histoire du cinéma. Ces films ont été réalisés dans les années 1950 et ont remporté de nombreux prix. Les bruitages de ces films ont été créés par l'équipe de conception sonore, qui a travaillé dur pour donner vie aux scènes et aux personnages.

Les bruitages des films "Les dix commandements" et "Ben-Hur" ont été créés en utilisant une variété de techniques. Certains bruits ont été créés en utilisant des instruments de musique, comme les cymbales et les tambours, tandis que d'autres bruits ont été créés en utilisant des objets du quotidien. Les sabres et les boucliers ont été créés en utilisant des feuilles de métal, tandis que les cris des animaux ont été enregistrés dans des zoos et des réserves naturelles.

Des enregistrements de bruitages ont également été effectués sur les plateaux de tournage des films. Les scènes de foules ont été enregistrées en utilisant de vraies foules, tandis que les courses de chars ont été enregistrées avec de vrais chevaux et de vrais chariots. Les bruits de batailles ont été créés en utilisant des enregistrements de canons et d'explosions réels.

En plus des bruitages créés en utilisant des instruments et des enregistrements, certains bruits ont été créés en utilisant des techniques de post-production. Les effets sonores ont été édités et manipulés pour donner vie aux scènes. Les voix des acteurs ont également été enregistrées en post-production pour améliorer la qualité sonore et assurer une meilleure synchronisation avec les mouvements de la caméra.

Sons et bruitages dans Lawrence d'Arabie

"Lawrence d'Arabie" est un film épique de David Lean sorti en 1962. Le film raconte l'histoire de T.E. Lawrence, un officier britannique qui aide les Arabes à se révolter contre les Ottomans pendant la Première Guerre mondiale.

Le film est célèbre pour sa bande-sonore, qui a remporté l'Oscar de la meilleure musique de film en 1963. Mais le film est également remarquable pour ses effets sonores, qui ont été créés en grande partie par les bruitages.

Les bruitages de "Lawrence d'Arabie" ont été enregistrés par un ingénieur du son nommé John Cox. Cox a utilisé une variété de techniques pour créer les bruits de chevaux, de voitures et de batailles. Il a utilisé des enregistrements de chevaux galopant, de voitures passant sur des routes en gravier et de tirs d'armes à feu.

Pour les scènes de bataille, Cox a utilisé des enregistrements d'explosions et de tirs réels. Il a également enregistré des sons de sabres et d'épées qui s'entrechoquent. Pour les scènes dans le désert, Cox a utilisé des enregistrements de vents soufflant à travers les dunes de sable.

Le résultat final est un mélange de bruitages qui contribuent à l'immersion du spectateur dans le monde du film. Les bruitages sont utilisés pour créer une ambiance réaliste et immersive, aidant à transporter le spectateur à travers les vastes étendues du désert et les scènes de bataille épiques.

Les bruitages de "Lawrence d'Arabie" ont été soigneusement choisis et enregistrés pour créer une expérience cinématographique authentique et immersive. Ils ont aidé à donner vie à l'épopée du désert et ont contribué à faire du film un classique du cinéma.

Sons et bruitages dans Les oiseaux

Le film "Les Oiseaux" d'Alfred Hitchcock a été réalisé en 1963. Pour les effets sonores du film, les oiseaux ont été enregistrés en studio et leur chant a été enregistré séparément. Pour les cris d'attaque des oiseaux, des cris d'animaux ont été utilisés, comme ceux de faucons et de chouettes. Le bruit des ailes d'oiseaux en vol a été obtenu en secouant une toile métallique, tandis que le bruit des oiseaux qui frappent les murs a été obtenu en secouant des sacs de plastique remplis de plumes. Les sons de panique et de terreur ont été ajoutés en post-production pour accentuer l'effet de peur. Le réalisme des effets sonores du film a été salué par la critique et a contribué à en faire un classique du cinéma d'horreur.

Sons et bruitages dans les films le bon la brute et le truand et pour une poignée de dollars

Les films "Le Bon, la Brute et le Truand" et "Pour une poignée de dollars" ont été réalisés par le célèbre cinéaste italien Sergio Leone, qui a popularisé le genre du western spaghetti. Les deux films ont des bandes sonores impressionnantes, qui ont été créées à partir d'un mélange de sources variées.

Les bruitages utilisés dans ces films proviennent principalement de deux sources: les bruits enregistrés sur le tournage et les bruitages ajoutés en post-production. Les effets sonores enregistrés sur le tournage incluent les sons de chevaux galopant, les coups de feu, les cris et les hurlements des acteurs. Pour créer des sons plus réalistes et puissants, l'équipe de post-production a ajouté des bruits d'explosions, des coups de fouet, des coups de sabre, des cris de douleur et des coups de poing.

En outre, la musique est également un élément important dans ces films, et les thèmes principaux ont été composés par le légendaire compositeur italien Ennio Morricone. Les thèmes principaux sont souvent associés à des personnages spécifiques et utilisés pour renforcer leur présence à l'écran. Morricone a également utilisé des instruments peu conventionnels dans sa musique, comme la trompette, la guitare électrique et les chœurs, pour ajouter une touche unique à la bande sonore.

Sons et bruitages dans La nuit des morts vivants

Le film culte de George A. Romero, La Nuit des morts-vivants, est connu pour ses effets sonores terrifiants et perturbants. Les bruitages ont été créés par des moyens astucieux pour un budget très limité.

Pour les grognements des zombies, le réalisateur a utilisé des effets sonores de chien mangeant de la viande, combinés avec des sons de papier froissé et de boue éclaboussant. Pour les cris de panique et de terreur des personnages, des acteurs ont été invités à hurler dans un studio d'enregistrement.

Le son des coups de feu a été créé en utilisant des pistolets à air comprimé, enregistrés dans des espaces clos pour un effet plus percutant. Le son des portes claquant a été réalisé en utilisant des portes en acier frappées avec des barres de métal.

Les bruits de pas des zombies ont été enregistrés en marchant sur de la pâte à modeler, tandis que les sons des crânes se brisant ont été créés en écrasant des melons et des concombres.

La musique du film a également contribué à l'atmosphère effrayante, avec des sons électroniques et des percussions pour créer une tension croissante.

Les bruitages de La Nuit des morts-vivants ont été créés avec des moyens modestes, mais ont réussi à contribuer de manière significative à l'ambiance du film et à renforcer l'effet horrifique sur le public.

Sons et bruitages dans La planète des singes

La franchise de films La Planète des Singes est une série de films de science-fiction qui ont été produits par la 20th Century Fox depuis le premier film en 1968. Les films sont célèbres pour leur utilisation immersive des bruitages et des sons qui sont utilisés pour créer des environnements sonores uniques qui renforcent l'expérience visuelle.

Les bruitages et les sons utilisés dans les films La Planète des Singes sont divers et variés. L'un des aspects les plus importants de la création d'un environnement sonore dans les films est l'utilisation de bruitages pour les singes. Les créateurs des films ont utilisé une variété de sons pour représenter les singes, tels que des sons de respiration, des grognements, des rugissements et des cris.

Pour créer ces sons de singes, les concepteurs ont utilisé des sons de divers animaux tels que des gorilles, des chimpanzés, des orangs-outans et même des singes écureuils. Les sons ont été enregistrés et combinés pour créer des bruitages réalistes qui représentent les différents types de singes dans les films. Les sons ont ensuite été modifiés et ajustés en post-production pour donner l'illusion de voix humaines.

En outre, les bruitages de la faune et de la flore ont également été utilisés pour créer un environnement sonore authentique pour les films La Planète des Singes. Les sons de la nature ont été enregistrés en utilisant des microphones spéciaux pour capturer les bruits des animaux et des plantes dans leur habitat naturel. Cela permet de créer une atmosphère réaliste et immersive pour les scènes se déroulant dans la jungle ou la forêt.

Les bruitages ont également été utilisés pour créer l'effet sonore des machines dans les films La Planète des Singes. Les sons ont été enregistrés pour représenter le bruit des machines et des équipements de haute technologie qui sont utilisés dans les laboratoires et les centres de recherche. Ces sons ont été modifiés et ajustés pour donner l'impression de machines sophistiquées qui renforcent l'ambiance futuriste et technologique des films.

Enfin, la musique de La Planète des Singes est un élément clé de la bande sonore. La musique utilise des sons électroniques et orchestraux pour créer une atmosphère immersive pour les scènes les plus émouvantes. Les thèmes musicaux emblématiques, tels que le célèbre thème principal, ajoutent également à l'émotion et au drame du film.

Les bruitages et les sons utilisés dans les films La Planète des Singes sont variés et ont été soigneusement sélectionnés pour créer un environnement sonore immersif et réaliste. L'ensemble de ces éléments sonores a permis de créer une expérience cinématographique unique et immersive, qui transporte le spectateur dans un monde imaginaire où les singes sont devenus les maîtres de la planète.

Sons et bruitages dans Orange mécanique

Le film Orange mécanique, réalisé par Stanley Kubrick en 1971, est célèbre pour son usage novateur et expérimental de la musique et des effets sonores. Les bruitages utilisés dans le film jouent un rôle important pour créer l'atmosphère dystopique et oppressante du monde futuriste dépeint dans le film.

Les bruitages dans Orange mécanique sont souvent créés à partir de sons électroniques générés par un synthétiseur, tels que des bruits de machines et des sons de haute fréquence. De nombreux effets sonores sont également créés à partir de la manipulation de sons existants, tels que des cris d'animaux et des enregistrements de foules.

Par exemple, la célèbre scène de la « Ludovico Technique », où le personnage principal

Alex est soumis à un traitement de conditionnement aversionnel, utilise des bruitages stridents et discordants qui créent un effet désorientant sur le spectateur.

Le compositeur Wendy Carlos, connue pour ses travaux dans les domaines de la musique électronique et de la musique classique, a également contribué à la bande sonore du film en utilisant des synthétiseurs pour créer des effets sonores et des compositions musicales innovantes. Les bruitages utilisés dans Orange mécanique sont un élément clé de l'expérience cinématographique du film, créant une atmosphère sonore unique et contribuant à son statut de film culte.

Sons et bruitages dans l'exorciste

Le film "L'exorciste" est considéré comme l'un des films les plus effrayants de tous les temps. Les bruitages ont joué un rôle important dans la création de l'atmosphère terrifiante du film.

Les bruitages de "L'exorciste" ont été créés par plusieurs techniques. Tout d'abord, il y a les bruitages enregistrés sur le plateau pendant le tournage, tels que les cris, les hurlements et les gémissements. Cela comprend également les bruits de pas, les portes qui grincent et les objets qui tombent.

Ensuite, il y a les bruitages créés en post-production. Les producteurs ont utilisé des bruits d'animaux, tels que des cris de cochon et des grognements de lion, pour créer les sons démoniaques du personnage de Regan lorsqu'elle est possédée. Ils ont également utilisé des bruits de machines pour ajouter une ambiance inquiétante à certaines scènes.

Enfin, les producteurs ont utilisé des bruitages électroniques pour créer des effets sonores spéciaux. Les ingénieurs du son ont créé des bruits de vent, de tonnerre et de foudre en utilisant des synthétiseurs et des processeurs de son.

Les bruitages ont joué un rôle important dans la création de l'atmosphère effrayante et oppressante de "L'exorciste". Les bruits démoniaques et les sons étranges ont contribué à créer une expérience sensorielle intense pour le public, ce qui a rendu le film encore plus terrifiant.

Sons et bruitages dans Le Parrain

Les films de la saga Le Parrain, réalisés par Francis Ford Coppola, sont connus pour leur usage subtil et efficace de la musique et des effets sonores pour créer une atmosphère immersive et captivante. Les bruitages utilisés dans ces films jouent un rôle important pour créer un monde réaliste et immersif de la mafia américaine.

Les effets sonores utilisés dans Le Parrain sont souvent des bruits de la vie quotidienne, comme des portes qui claquent, des voitures qui passent ou encore des bruits de foules lors des rassemblements. Ces bruitages sont utilisés pour renforcer l'ambiance du film et donner l'impression que les scènes se déroulent dans un contexte réaliste.

Le compositeur Nino Rota a également apporté une contribution essentielle à la saga en créant la musique originale des films. Sa célèbre musique thème, avec son ambiance orchestrale et nostalgique, est devenue emblématique de la saga.

Sons et bruitages dans les dents de la mer

Les Dents de la Mer (Jaws) est un film culte sorti en 1975, réalisé par Steven Spielberg et qui a fait sensation dans le monde entier. Le film raconte l'histoire d'un grand requin blanc mangeur d'hommes qui terrorise une petite ville côtière touristique.

Le son du requin est composé de bruits de sons de cordes de contrebasse grattées, qui sont souvent utilisées pour créer des sons de suspense dans les films d'horreur. Ces sons ont été enregistrés et manipulés pour donner une tonalité menaçante au son du requin.

En plus du son du requin, le film utilise des sons d'ambiance de la mer pour créer une atmosphère réaliste. Pour ces effets sonores, Burtt a enregistré des vagues, des mouettes et d'autres sons naturels de la plage. Il a également enregistré des sons de bulles et de craquements pour ajouter un peu de mystère et de tension à certaines scènes.

Enfin, Burtt a également créé un thème musical mémorable pour le film, composé d'une simple ligne de piano accompagnée d'une progression de cordes. Ce thème musical est maintenant considéré comme l'un des plus célèbres de l'histoire du cinéma.

Les effets sonores utilisés dans Les Dents de la Mer sont une combinaison de sons naturels de la plage, d'enregistrements de la mer, de sons d'animaux et de sons manipulés de cordes et d'instruments. Le travail de Ben Burtt a permis de créer une ambiance sonore terrifiante qui a ajouté une dimension supplémentaire à l'horreur du requin tueur.

Sons et bruitages dans Star Wars

Les bruitages utilisés dans le film Star Wars sont légendaires et ont contribué à l'atmosphère emblématique de la saga. Les sources de ces bruitages sont variées et souvent surprenantes.

Le sabre laser, l'une des armes les plus emblématiques de Star Wars, a été créé en combinant les sons d'un tube téléphonique et d'un projecteur de film. Le bruit du sabre laser qui s'allume et s'éteint est en fait un enregistrement d'un projecteur de film, tandis que le son du sabre laser lui-même a été créé en combinant le son du tube téléphonique avec le son d'un projecteur de film.

Le cri du TIE Fighter, l'un des vaisseaux spatiaux les plus reconnaissables de Star Wars, a été créé en ralentissant et en modifiant le cri d'un éléphant. Le son qui en résulte est devenu l'un des bruitages les plus emblématiques de la saga.
Le grondement du Faucon Millenium, le vaisseau spatial de Han Solo, a été créé en utilisant les sons

de différents avions, notamment un avion à réaction F-16, un B-25 Mitchell et un Vought F4U Corsair.

Même les bruitages les plus subtils dans Star Wars ont été soigneusement conçus pour créer une ambiance immersive. Par exemple, le son de la porte de l'étoile de la mort qui s'ouvre a été créé en combinant les sons d'une porte de voiture et d'une porte métallique.

Certains bruitages utilisés dans Star Wars ont également été créés à partir de sons naturels. Par exemple, le cri du Wookiee Chewbacca a été créé en combinant les sons d'un ours, d'un lion, d'un blaireau et d'un morse. Le son du TIE Bomber a été créé en modifiant le son du moteur d'un aspirateur de piscine, tandis que le son du speeder bike a été créé en accélérant et en modifiant le son d'une motocyclette.

L'équipe de conception sonore de Star Wars a également utilisé des synthétiseurs et des ordinateurs pour créer des sons futuristes pour les vaisseaux spatiaux et les technologies avancées de la saga. Par exemple, le son du rayon tracteur a été créé en utilisant un synthétiseur ARP 2500, un appareil de musique électronique populaire dans les années 1970.

En plus de créer des bruitages pour les vaisseaux spatiaux et les armes, l'équipe de conception sonore de Star Wars a également créé des bruitages pour les créatures de la saga. Par exemple, le son du rire de Jabba le Hutt a été créé en combinant les sons d'un python, d'un rat et d'une hyène.

R2-D2 et C-3PO sont deux personnages emblématiques de la saga Star Wars et leurs sons distinctifs ont été créés avec soin pour leur donner une personnalité unique.

Les sons de R2-D2 ont été créés par Ben Burtt, le concepteur sonore de Star Wars, en utilisant une variété de sons différents. Les sons de base ont été créés en utilisant les sons d'une projection de film, d'un synthétiseur modulaire et d'un enregistrement d'un bébé éléphant. Les bruits des mouvements de R2-D2 ont été créés en utilisant les sons de chaînes, de pièces d'horlogerie et d'un vieil aspirateur.

Le langage de R2-D2, qui est composé de bips, de bourdonnements et de sifflements, a été créé en utilisant les sons de différentes sources, notamment des sons générés par des synthétiseurs modulaires, des bruits de modem et des sons de jouets pour enfants.

Quant à C-3PO, ses sons ont été créés en utilisant la voix de l'acteur britannique Anthony Daniels, qui a interprété le personnage dans tous les films de la saga. Ben Burtt a ensuite modifié la voix de Daniels en utilisant des effets sonores pour donner à C-3PO une voix androïde distinctive.

Les sons de C-3PO ont également été créés en utilisant des enregistrements de machines à écrire et d'autres sons mécaniques. Les mouvements de C-3PO ont été créés en utilisant des sons de métal, de rouages et de machines à coudre.

Les sons de R2-D2 et C-3PO ont été soigneusement conçus pour leur donner une personnalité unique et pour s'intégrer harmonieusement dans l'univers sonore de Star Wars. Ces personnages sont devenus des icônes de la culture populaire grâce à leur apparence distinctive et à leur voix unique.

Créés en utilisant une combinaison de sons d'objets du quotidien et de sons modifiés numériquement pour créer des effets sonores uniques qui ont depuis captivé les fans de la saga à travers le monde, les bruitages de Star Wars ont été soigneusement conçus pour créer une ambiance sonore immersive et unique pour la saga.

Les techniques et les sources utilisées pour créer ces bruitages ont été innovantes et ont établi une norme pour les effets sonores dans le cinéma de science-fiction et de fantasy.

Sons et bruitages dans la saga Alien

La saga Alien est connue pour ses effets spéciaux saisissants et sonores époustouflants. Les bruitages utilisés dans ces films ont été soigneusement conçus pour créer une atmosphère de tension et de danger constant.

Les sons de la créature Alien ont été créés en utilisant une variété de sources différentes. Le son caractéristique de respiration de l'Alien a été créé en utilisant un enregistrement de l'acteur Bolaji

Badejo, qui a interprété le rôle de l'Alien dans le premier film de la saga. Le son a été modifié pour donner l'impression d'une créature alien sinistre et menaçante.

Les sons de mouvements de l'Alien ont été enregistrés en utilisant une variété de matériaux, notamment du caoutchouc et du cuir, pour créer des sons de friction et de frottement. Les bruits de mastication et de digestion de l'Alien ont été créés en utilisant des sons de bouche et de gorge modifiés pour donner l'impression d'une créature affamée et dangereuse.

Les bruitages des armes et des explosions ont également été conçus pour être percutants et réalistes. Les armes ont été enregistrées en utilisant des fusils à feu réels et modifiés pour donner l'impression d'armes futuristes. Les explosions ont été créées en utilisant des charges explosives et des enregistrements de détonations réelles pour donner l'impression d'un environnement hostile et dangereux.

En plus des bruitages des créatures et des armes, les effets sonores ont également été utilisés pour ajouter de l'ambiance à la scène. Les bruits des moteurs, des ordinateurs et des alarmes ont été enregistrés pour créer une atmosphère de science-fiction réaliste et immersive.

Sons et bruitages dans Apocalypse now

Apocalypse Now, réalisé par Francis Ford Coppola, est célèbre pour ses images saisissantes et sa bande sonore remarquable. Les bruitages du film ont été soigneusement conçus pour ajouter à l'ambiance et au réalisme de l'expérience cinématographique.

Les sons de la guerre, tels que les explosions et les tirs d'armes, ont été enregistrés sur le terrain par l'équipe de production, qui a utilisé des armes réelles pour créer des effets sonores authentiques. Les sons de la nature, tels que les oiseaux et les insectes, ont également été enregistrés sur place, ajoutant une touche de réalisme à l'expérience cinématographique.

Le bruit des hélicoptères est un élément clé de la bande sonore d'Apocalypse Now. Pour créer les sons des hélicoptères, l'équipe de production a utilisé des enregistrements de vrais hélicoptères, en ajoutant des effets sonores numériques pour ajouter de la puissance et de la clarté aux bruitages. Les sons des moteurs, des rotors et des explosions ont été soigneusement édités pour créer une ambiance sonore réaliste.

Les voix des personnages ont également été soigneusement enregistrées pour créer un effet de distance et d'écho, ajoutant une profondeur à l'expérience cinématographique. Les bruitages de fond, tels que les explosions lointaines, ont été utilisés pour ajouter de la tension et de la réalité aux scènes de guerre.

Le compositeur de la bande sonore, Carmine Coppola, a créé une musique envoûtante pour Apocalypse Now, utilisant des sons électroniques et des instruments traditionnels. Les thèmes musicaux ont été utilisés pour ajouter une émotion supplémentaire aux scènes dramatiques et ont contribué à l'immersion du public dans l'expérience cinématographique.

Les bruitages d'Apocalypse Now ont été soigneusement conçus pour ajouter à l'ambiance et au réalisme du film. Les enregistrements de terrain ont été utilisés pour créer des effets sonores authentiques, tandis que la musique envoûtante de Carmine Coppola a contribué à l'immersion du public dans l'expérience cinématographique. La qualité des effets sonores a contribué au succès et à la reconnaissance d'Apocalypse Now comme l'un des plus grands films de guerre de tous les temps.

Sons et bruitages dans Mad Max

Les films Mad Max sont connus pour leur utilisation inventive et créative des effets sonores pour représenter le monde post-apocalyptique de la série. Les bruitages sont souvent créés en utilisant une combinaison de sons existants, de sons enregistrés spécialement pour le film et d'effets sonores créés numériquement.

Dans le premier film Mad Max sorti en 1979, les bruitages ont été enregistrés à l'aide de voitures anciennes et de motos, ainsi que d'autres sources sonores comme des claquements de portes et des coups de feu. Le son des moteurs a été amplifié et modifié pour créer des effets sonores de véhicules roulant à grande vitesse dans un monde post-apocalyptique.

Dans Mad Max 2: Le Défi sorti en 1981, les effets sonores ont été encore plus élaborés et ont impliqué des bruitages créés spécialement pour le film. Les sons de moteurs de voitures et de motos ont été modifiés pour donner l'impression que les véhicules étaient équipés de turbines et d'autres mécanismes futuristes. Des effets sonores de tirs et d'explosions ont également été créés numériquement.

Dans Mad Max : Au-delà du dôme du tonnerre sorti en 1985, les bruitages ont été encore plus évolués, avec des sons de moteurs de véhicules encore plus futuristes et des effets sonores numériques pour représenter les véhicules volants. Les cris et les grognements des personnages ont également été enregistrés de manière à sonner plus "sauvages" et "barbares".

Dans Mad Max: Fury Road sorti en 2015, les bruitages ont été enregistrés à l'aide de voitures et de camions modifiés, ainsi que de divers instruments pour créer des effets sonores plus organiques. Les voix des personnages ont également été modifiées pour donner une impression plus dramatique et épique.

La saga Mad Max a été marquée par une utilisation inventive et créative des effets sonores, impliquant une combinaison de sons existants, de sons spécialement enregistrés et d'effets sonores créés numériquement pour représenter un monde post-apocalyptique unique et fascinant.

Sons et bruitages dans Indiana Jones

Les films Indiana Jones sont connus pour leurs aventures palpitantes et leurs scènes d'action épiques, qui sont souvent accompagnées d'effets sonores impressionnants. Les bruitages utilisés dans ces films sont variés et proviennent de sources diverses.

Par exemple, les bruits des fouets utilisés par Indiana Jones sont produits en enregistrant des coups de fouet réels, et en les amplifiant et les modifiant numériquement pour les rendre plus percutants. Les bruits de combats sont également créés en enregistrant des coups réels et en les combinant avec des bruits d'impact simulés.

Les sons des explosions sont souvent enregistrés à partir d'explosifs réels, tels que des charges C4 ou des pétards, puis sont modifiés numériquement pour créer des effets sonores plus dramatiques. Les bruits de véhicules, tels que les moteurs d'avions ou les bruits de trains, sont également enregistrés sur le terrain et modifiés pour obtenir le résultat désiré.

En outre, les créateurs des effets sonores utilisent également des bibliothèques de sons préenregistrés, qu'ils peuvent modifier et combiner pour créer des effets sonores uniques. Par exemple, les cris d'animaux, tels que ceux des singes ou des serpents, peuvent être enregistrés dans des lieux tels que des zoos ou des réserves naturelles, puis modifiés pour créer des sons plus menaçants ou sinistres.

Les bruitages dans les films Indiana Jones sont créés à partir d'un mélange de sons enregistrés sur le terrain, de sons modifiés numériquement et de bibliothèques de sons préenregistrés. Cette combinaison de sources permet aux créateurs d'effets sonores de produire des bruitages qui soutiennent efficacement l'action à l'écran et qui ajoutent une dimension supplémentaire à l'expérience cinématographique.

Sons et bruitages dans E.T.

Le film E.T, réalisé par Steven Spielberg en 1982, est devenu un classique de la culture populaire. Les bruitages utilisés dans le film ont joué un rôle clé dans l'immersion des spectateurs dans l'univers fantastique de l'histoire.

Les bruitages de E.T ont été créés par Ben Burtt, un ingénieur du son réputé pour son travail sur les films de la saga Star Wars. Burtt a utilisé une grande variété de sources pour créer les bruitages du film E.T.

Pour les sons de la voix d'E.T, Burtt s'est inspiré des cris des ratons laveurs, des blaireaux et des belettes. Il a ensuite modifié ces enregistrements pour donner à la voix d'E.T son timbre unique.

Les bruits de déplacement d'E.T ont été créés en utilisant des enregistrements de ses propres pieds, mais aussi en utilisant des sons de pas humains modifiés pour sonner plus légers. Les sons de respiration d'E.T ont été créés en utilisant des enregistrements de respirations humaines modifiées pour sonner plus étranges.

Les bruitages de la navette spatiale ont été créés en combinant des sons de moteurs d'avions de chasse, de tondeuses à gazon et d'autres sources. Les bruitages du vaisseau-mère ont été créés en utilisant des enregistrements de sons électroniques et des synthétiseurs.

Les bruitages des communications radios ont été créés en utilisant des radios de police et des émetteurs-récepteurs modifiés pour donner un son plus futuriste. Les bruits de machines ont été créés en utilisant des enregistrements de moteurs de voiture, d'outils électriques et de machines industrielles.

Enfin, les bruitages des armes ont été créés en utilisant des enregistrements de vraies armes à feu, modifiés pour sonner plus puissants et plus dramatiques.

En combinant toutes ces sources de bruitages, Ben Burtt a réussi à créer un univers sonore unique pour le film E.T. Les bruitages ont joué un rôle important dans l'immersion des spectateurs dans l'histoire, et ont contribué à faire de ce film un classique du cinéma.

Sons et bruitages dans l'histoire sans fin

Le film "L'Histoire sans fin" est un conte fantastique de Wolfgang Petersen sorti en 1984. Les bruitages du film ont été soigneusement sélectionnés pour donner vie aux mondes fantastiques et magiques dans lesquels se déroule l'histoire.

Les bruitages ont été enregistrés en studio et sur le terrain pour capturer des sons réels et immersifs. Pour créer les bruits des personnages tels que Falcor, le dragon chanceux, des animaux tels que le rat des champs et la tortue de mer, les créateurs ont utilisé des enregistrements d'animaux réels qu'ils ont ensuite modifiés pour leur donner un son unique.

Les bruitages des mouvements du personnage principal Bastian, comme les pas et les grincements de porte, ont été enregistrés en direct lors du tournage pour donner une impression de réalisme. Pour le bruitage des explosions, les créateurs ont utilisé des enregistrements de canons et de feux d'artifice, qu'ils ont ensuite modifiés pour créer un effet sonore plus grandiose.

Le bruitage des scènes de poursuite impliquant des chevaux a été créé en utilisant des enregistrements réels de chevaux galopant à travers des champs. Des bruits de foule ont également été ajoutés pour donner vie aux scènes de marché animées.

Les bruitages du film "L'Histoire sans fin" ont été soigneusement sélectionnés pour donner vie à l'univers fantastique du film et pour créer une expérience sonore immersive pour les spectateurs. Les créateurs ont utilisé une variété de sources sonores pour créer des effets sonores réalistes et captivants qui ont contribué à l'atmosphère magique et captivante du film.

Sons et bruitages dans Les Gremlins

Les Gremlins sont connus pour leur apparence et leur comportement excentriques, mais leur son est également l'un des éléments clés de leur personnalité dans les deux films de la franchise. Les bruitages utilisés pour les Gremlins ont été soigneusement conçus pour donner vie à ces créatures fantastiques.

Les bruitages des Gremlins ont été créés en utilisant une variété de sources différentes. Les grognements, les cris et les rires des Gremlins ont été enregistrés à partir de voix humaines et ont été modifiés pour donner l'impression de créatures fantaisistes. Les sons de leurs mouvements ont été enregistrés en utilisant des matériaux tels que du cuir, du caoutchouc et du métal pour créer une variété de sons de frottement et de friction.

Les effets sonores des Gremlins ont également été conçus pour être dynamiques et pour varier en fonction de l'humeur des créatures. Les bruits de la faim et de la soif des Gremlins ont été créés en utilisant des sons de gorge et de bouche, tandis que les bruits de leurs attaques ont été créés en utilisant des sons de griffes et de morsures.

En plus des bruits des Gremlins, les effets sonores ont également été utilisés pour ajouter de l'ambiance à la scène. Les sons de la pluie, du vent et de la tempête ont été enregistrés sur place pour recréer l'atmosphère de la ville en proie aux Gremlins. Les effets sonores ont également été synchronisés avec la musique pour créer une expérience sonore immersive pour le public.

Les bruitages des Gremlins ont été conçus pour donner vie à ces créatures fantastiques et ajouter de l'intensité à l'histoire. Les effets sonores ont été créés en utilisant une variété de sources différentes pour créer une expérience sonore réaliste et immersive pour le public. Les bruits des Gremlins et les effets sonores ont contribué à l'impact émotionnel des films et ont contribué à leur succès durable auprès des fans de cinéma.

Sons et bruitages dans Ghostbusters

Le film Ghostbusters, sorti en 1984, est un classique de la comédie surnaturelle. Le film met en vedette une équipe de chasseurs de fantômes qui utilisent une variété d'équipements technologiques pour capturer les esprits. Les effets sonores jouent un rôle important dans la création de l'atmosphère du film et de ses scènes d'action.

Pour les bruitages, les créateurs du film ont utilisé une variété de sources. Par exemple, le son du Proton Pack, l'appareil principal utilisé pour capturer les fantômes, a été créé en combinant les sons de différents générateurs de tonalité, de moteurs à réaction et d'effets sonores de tirs de pistolets lasers.

Les cris des fantômes ont été créés en modifiant des sons d'animaux. Les cris de Slimer, le fameux ectoplasme verdâtre, ont été créés en modifiant les bruits de l'animal le plus bruyant du monde : le petit oiseau colérique de la famille des tyrannidés. Le son produit par les cris de Slimer dans le film est donc une version modifiée et accélérée de ce cri d'oiseau.

Les sons des portails dimensionnels qui s'ouvrent ont été créés en combinant plusieurs sons de différentes machines, tels que les moteurs de camions ou de trains. Le bruit de la voiture Ecto-1 a été créé en mélangeant les sons de différentes sirènes de voitures de police, de camions de pompier et de voitures de course.

Les bruitages de Ghostbusters ont été créés en utilisant une combinaison de sources sonores, allant des cris d'animaux aux sons des machines, pour créer une expérience sonore unique qui est devenue iconique dans la culture populaire.

Sons et bruitages dans Terminator

Les films Terminator sont connus pour leurs effets sonores emblématiques, qui ont contribué à leur succès. Les bruitages utilisés dans la franchise proviennent d'une variété de sources.

L'un des sons les plus reconnaissables est le "poum-poum" du thème musical de la série, qui est devenu synonyme des films. Ce bruit a été créé en utilisant des synthétiseurs et des boîtes à rythmes.

Les effets sonores des armes à feu dans les films sont également très distinctifs. Pour créer ces sons, les ingénieurs du son ont enregistré le bruit de véritables armes à feu et les ont modifiés en post-production pour leur donner un son plus futuriste. Les pistolets à plasma et les fusils d'assaut ont également été conçus pour avoir des sons distincts et uniques.

Les scènes impliquant les Terminators ont des sons distinctifs, y compris les bruits mécaniques des cyborgs en mouvement et des bruits d'explosion lorsqu'ils sont détruits. Les ingénieurs du son ont utilisé des enregistrements de machines industrielles pour créer ces effets sonores.

Les sons des voyages dans le temps ont également été créés en post-production. Les ingénieurs du son ont utilisé des enregistrements de bruits électriques et de machines pour créer l'effet sonore de la machine à voyager dans le temps.

Enfin, les voix synthétiques des Terminators ont été créées en utilisant des synthétiseurs vocaux, qui ont été modifiés pour donner aux cyborgs une voix robotique et menaçante.

Sons et bruitages dans Retour vers le Futur

Les films "Retour vers le futur" sont célèbres pour leur utilisation de bruitages uniques et mémorables qui ont contribué à leur succès. Les sources de ces bruitages sont variées et ont été sélectionnées avec soin pour correspondre aux objets et aux actions représentés à l'écran.

Les sons de la voiture DeLorean ont été créés en combinant les bruits de différents véhicules tels que la Porsche 928, la Volkswagen Golf GTI, la Honda Civic et la Lotus Esprit. Les effets sonores de la voiture lorsqu'elle est en mouvement ont été créés en enregistrant le son d'un moteur de karting, tandis que les sons de ses portes et de son coffre ont été produits en combinant différents éléments tels que des fermetures à glissière, des mécanismes de serrure et des ouvertures de boîtes métalliques.

Les effets sonores des machines à voyager dans le temps ont été créés en utilisant des synthétiseurs et des échantillons sonores pour produire des sons futuristes et étranges qui correspondent à la technologie de voyage dans le temps représentée dans le film. Les sons des foudres et des éclairs ont été créés en utilisant des enregistrements de bruits réels de tempêtes, auxquels ont été ajoutés des effets sonores pour les rendre plus dramatiques et intenses.

Les bruits de fond tels que les sons de la circulation, de la foule et des oiseaux ont également été soigneusement sélectionnés pour donner vie aux scènes. Des enregistrements de sons réels ont été utilisés pour créer une ambiance réaliste et immersive.

Enfin, la musique de fond composée par Alan Silvestri contribue également grandement à l'atmosphère générale des films "Retour vers le futur", en aidant à renforcer les émotions et les sentiments des personnages et des scènes.

Les bruitages des films "Retour vers le futur" ont été soigneusement sélectionnés et créés pour donner vie à l'univers fantastique et futuriste de la série. Ces effets sonores ont été une grande partie de l'expérience de visionnage et ont contribué à rendre ces films inoubliables.

Sons et bruitages dans La couleur pourpre

Le film "La couleur pourpre" est une adaptation cinématographique du roman du même nom d'Alice Walker, réalisé par Steven Spielberg en 1985. Le film raconte l'histoire de Celie, une jeune femme afro-américaine dans le sud des États-Unis, qui lutte pour trouver sa place dans un monde dominé par les hommes blancs.

Les bruitages du film ont été soigneusement sélectionnés pour refléter l'atmosphère de l'histoire, ainsi que pour renforcer l'immersion du spectateur dans l'univers du film. Les sources des bruitages utilisés dans le film sont variées, allant des enregistrements sur le terrain aux effets sonores créés en post-production.

Pour les scènes se déroulant dans la nature, comme les champs de coton, les bruitages ont été enregistrés directement sur le terrain pour obtenir un rendu réaliste. Les sons de la nature, tels que le vent, les oiseaux et les insectes, ont également été utilisés pour ajouter une dimension supplémentaire à ces scènes.

Les scènes de violence ou d'intensité émotionnelle ont été renforcées par des effets sonores conçus en post-production. Par exemple, pour les scènes de bagarre, les bruitages des coups de poing et des coups de pied ont été enregistrés séparément, puis ajoutés aux images pour donner l'illusion que les acteurs se frappaient réellement.

Les scènes musicales ont également été soigneusement travaillées, avec des bruitages ajoutés pour renforcer l'effet des chansons. Par exemple, le son des cordes de la guitare a été amplifié pour renforcer l'émotion de la chanson "Maybe God is Trying to Tell You Something".

Les bruitages utilisés dans le film "La couleur pourpre" ont été choisis avec soin pour renforcer l'atmosphère du film et l'immersion du spectateur dans l'histoire. Les enregistrements sur le terrain ont été utilisés pour donner un rendu réaliste aux scènes se déroulant dans la nature, tandis que des effets sonores créés en post-production ont été ajoutés pour renforcer les moments de tension et de violence.

Sons et bruitages dans Top Gun

En 1986, Tony Scott met en scène certainement l'un de ses plus grands films. Il réunit un casting notamment composé de Tom Cruise, Tom Skerritt, Val Kilmer et Meg Ryan pour proposer au public Top Gun. C'est l'un des films qui a grandement participé à la renommée mondiale de Tom Cruise. Une œuvre culte qui a rapporté plus de 357 millions de dollars au box-office. En plus de ce succès financier, Top Gun est nommé à 4 reprises aux Oscars (dont une dans la catégorie Meilleur mixage de son) et remporte même la statuette de la Meilleure chanson. Film d'action parfait qui présente l'élite des pilotes de la Navy

Le film Top Gun est connu pour son utilisation de bruitages saisissants pour rendre l'expérience cinématographique plus immersive. Les bruitages du film ont été créés en utilisant une combinaison de sons naturels et synthétisés pour donner vie aux avions de chasse et aux scènes d'action. Immense classique du cinéma d'action, dans lequel Tony Scott a tenté de créer quelque chose de réaliste tout en cherchant aussi à sublimer les séquences aériennes.

Les sons des avions de chasse ont été enregistrés à partir de différents avions militaires, notamment des F-14 Tomcats et des F-5 Tigers. L'équipe de conception sonore a travaillé en étroite collaboration avec l'armée américaine pour obtenir des enregistrements réalistes des avions de chasse, qui ont été modifiés et mélangés avec d'autres sons pour créer les bruitages finaux.

Les sons des missiles ont été créés en utilisant des enregistrements de feux d'artifice et des détonations de dynamite, tandis que les sons des explosions ont été créés en utilisant des enregistrements d'explosions réelles, combinés avec des sons synthétisés pour ajouter de l'impact et de la puissance.

Les bruitages de Top Gun ont également été créés en utilisant des synthétiseurs pour ajouter des sons futuristes aux technologies avancées utilisées dans le film. Par exemple, le son du radar a été créé en utilisant un synthétiseur ARP 2600 et le son de la télévision en circuit fermé a été créé en utilisant un synthétiseur Moog.

Tony Scott a tenté d'être le plus fidèle possible aux cascades aériennes des avions de chasse. Il a proposé un film impressionnant et inédit dans le paysage cinématographique grâce à son réalisme poussé. Une méthode reprise par Joseph Kosinski pour le nouvel opus.

Si le bruit des avions de chasse est extraordinaire dans Top Gun, il a néanmoins été amélioré. Cecelia Hall, la superviseuse du son du film, a révélé comment elle avait obtenu ce résultat parfait. Dans une courte vidéo partagée sur Twitter, elle raconte de quelle manière elle a transformé le son des avions de chasse en post-production.

D'abord, c'est John Fasal qui s'est occupé de capter le véritable son des engins. Mais, le bruit "naturel" des réacteurs manquait d'impact et n'a été saisi qu'au sol, lors des séquences de décollage ou d'atterrissage. Il en fallait plus. C'est de cette manière que Cece Hall a eu l'idée de modifier ces enregistrements, et de les coupler avec des rugissements d'animaux. Elle raconte ainsi que le spectateur entend à l'écran le son des avions de chasse mélangé à des cris de lions, de tigres ou encore de singes.

Les effets sonores dans Top Gun ont été soigneusement conçus pour recréer les sons authentiques des avions de chasse et pour renforcer l'immersion du public dans les scènes d'action.

Pour donner vie aux avions de chasse, l'équipe de conception sonore a utilisé des enregistrements réels de différents avions, notamment des F-14 Tomcats et des F-5 Tigers. Ces enregistrements ont été ensuite modifiés et mixés pour créer des bruits distinctifs pour chaque type d'avion. Les bruits des réacteurs, des turbines et des hélices ont été soigneusement équilibrés pour créer des sons cohérents avec les mouvements des avions à l'écran.

En plus des sons des avions de chasse, l'équipe de conception sonore a également incorporé des rugissements d'animaux pour ajouter de l'intensité aux scènes d'action. Par exemple, le rugissement d'un tigre a été utilisé pour renforcer la tension dans la scène où Maverick (joué par Tom

Cruise) et Goose (joué par Anthony Edwards) s'envolent pour leur première mission.

L'équipe de conception sonore a utilisé des synthétiseurs pour créer des sons futuristes pour les technologies avancées utilisées dans le film, comme le son du radar ou le son de la télévision en circuit fermé. Les bruits de missiles et d'explosions ont été créés en utilisant des enregistrements réels d'explosions et de feux d'artifice, modifiés pour avoir un impact sonore plus puissant.

Pour donner vie aux avions de chasse, l'équipe de conception sonore a utilisé des enregistrements réels de différents avions, notamment des F-14 Tomcats et des F-5 Tigers. Ces enregistrements ont été ensuite modifiés et mixés pour créer des bruits distinctifs pour chaque type d'avion. Les bruits des réacteurs, des turbines et des hélices ont été soigneusement équilibrés pour créer des sons cohérents avec les mouvements des avions à l'écran.

Les effets sonores dans Top Gun ont été conçus avec une grande attention aux détails pour créer une expérience sonore réaliste et immersive. Les bruits des avions de chasse et les rugissements d'animaux ont été utilisés pour ajouter de l'intensité aux scènes d'action et renforcer l'impact émotionnel du film. Les techniques et les sources utilisées pour créer ces effets sonores ont établi une norme pour les films d'action et ont contribué à la popularité durable de Top Gun auprès des fans de cinéma.

Sons et bruitages dans la mouche

Le film "La Mouche" est un film de science-fiction horrifique sorti en 1986, réalisé par David Cronenberg. Le film met en scène Jeff Goldblum qui joue le rôle de Seth Brundle, un scientifique qui se transforme lentement en une créature mi-homme mi-mouche à la suite d'une expérience ratée de téléportation.

Les bruitages jouent un rôle important dans la création de l'ambiance horrifique du film. Pour donner vie aux sons des transformations physiques de Seth, les bruiteurs ont utilisé diverses sources, notamment des légumes croquants, des sacs de chips écrasés, des tissus frottés, des cris de cochons et des bruits de loup-garou. Les sons de déchirement et de craquement ont été créés en mélangeant plusieurs sources, dont des enregistrements de l'explosion d'un ballon de baudruche, des craquements de brindilles et des enregistrements de la destruction d'un mur.

Les bruitages de la mouche elle-même ont été créés en utilisant des sons de mouches réelles, qui ont été manipulés électroniquement pour leur donner une sonorité plus étrange et effrayante. Les sons de la mouche volant ont été créés en faisant vibrer des tiges métalliques et en les enregistrant à une vitesse plus lente pour donner l'illusion d'un vol plus lourd.

Les sons de la téléportation ont été créés en utilisant des enregistrements de chutes d'eau, qui ont ensuite été inversés et accélérés pour créer une sonorité mystique et surnaturelle. Les sons des machines ont été créés en utilisant des bruits de tuyaux et de moteurs, ainsi que des enregistrements de machines à écrire et de photocopieurs.

Sons et bruitages dans ça

Le film d'horreur "Ça" est basé sur le roman de Stephen King du même nom. Les bruitages utilisés dans le film ont été soigneusement sélectionnés pour renforcer l'atmosphère terrifiante et effrayante.

Les effets sonores ont été créés par le designer sonore Richard LeGrand Jr. Pour les bruits de grincement et de craquement, il a utilisé des enregistrements de portes grinçantes et de planches qui craquent, ainsi que des sons de métal rouillé et de vieux tuyaux. Il a également enregistré des sons de coups et de chutes pour les scènes de combat.

Les bruits de pas ont été enregistrés de manière à représenter la marche lourde de Pennywise, le clown terrifiant. Pour cela, des chaussures de travail ont été attachées à une planche et traînées sur une surface en béton pour créer un effet de pas lourd et effrayant.

Pour les bruits de respirations et de rires de Pennywise, des enregistrements de la voix de l'acteur Bill Skarsgård ont été modifiés numériquement pour créer des sons plus profonds et plus sinistres.

Enfin, pour les scènes d'horreur et de tension, des sons de violons stridents et de cordes frottées ont été ajoutés pour créer une ambiance angoissante et effrayante.

Les bruitages du film "Ça" ont été créés en combinant des sons réels et modifiés numériquement pour créer une atmosphère de terreur et d'angoisse.

Sons et bruitages dans Robocop

Les films RoboCop, produits par Orion Pictures, sont des films de science-fiction qui ont marqué leur époque grâce à leur utilisation de bruitages et de sons immersifs. Les concepteurs sonores ont créé un environnement sonore unique pour les films, en utilisant des sources de bruitages variées pour représenter les machines et les armes high-tech de l'univers de RoboCop.

L'un des éléments les plus importants des bruitages dans les films RoboCop est l'utilisation de sons de machines et d'équipements. Pour créer ces sons, les concepteurs ont enregistré des bruits de machines industrielles telles que des robots de soudage, des scies mécaniques et des machines-outils. Ces sons ont ensuite été modifiés et amplifiés pour donner l'impression de machines sophistiquées et puissantes. L'utilisation de ces sons renforce l'ambiance futuriste et technologique de l'univers de RoboCop.

En outre, les bruitages des armes utilisées dans les films ont été créés à partir de sources variées. Les concepteurs ont utilisé des pistolets à eau, des pistolets à air comprimé, des pétards et des pistolets à balles réelles pour enregistrer les sons des armes. Ces enregistrements ont ensuite été modifiés pour donner l'impression de tirs futuristes, renforçant l'aspect violent et dangereux de l'univers de RoboCop.

Les bruitages utilisés pour les mouvements de RoboCop ont également été soigneusement conçus pour renforcer son aspect mécanique. Les concepteurs ont enregistré des sons de machines hydrauliques et de mécanismes de précision pour créer le son de ses mouvements, qui ont ensuite été modifiés pour donner l'impression d'un exosquelette robotique.

Enfin, la musique joue également un rôle important dans la bande sonore des films RoboCop. La musique électronique, créée par le célèbre compositeur Basil Poledouris, renforce l'aspect futuriste et technologique de l'univers de RoboCop. Les thèmes musicaux emblématiques, tels que le thème principal, ajoutent également à l'émotion et au drame du film.

L'utilisation de sons de machines et d'armes, ainsi que les bruitages des mouvements de RoboCop, contribuent à renforcer l'aspect futuriste et technologique de l'univers de RoboCop, tandis que la musique électronique de Basil Poledouris ajoute à l'émotion et au drame du film.

Sons et bruitages dans Full Metal Jacket

Le film Full Metal Jacket, réalisé par Stanley Kubrick, est connu pour son atmosphère tendue et sonore, ainsi que pour son approche réaliste de la guerre du Vietnam. Les bruitages du film ont été soigneusement choisis pour ajouter à l'ambiance et au réalisme de l'expérience cinématographique.

Les bruits des armes à feu, des explosions et des hélicoptères ont été enregistrés sur le terrain pour garantir une fidélité absolue. L'équipe de production a utilisé des armes réelles pour créer les effets sonores des armes à feu, tandis que les bruitages des explosions ont été créés en utilisant des charges explosives.

Les sons de la jungle ont également été soigneusement enregistrés pour ajouter une touche de réalisme à l'expérience cinématographique. Les bruits de la faune et de la flore ont été enregistrés sur place, ajoutant une ambiance sonore immersive à la jungle vietnamienne.

Les voix des personnages ont également été soigneusement enregistrées pour créer un effet de distance et d'écho, ajoutant une profondeur à l'expérience cinématographique. Les bruitages de fond, tels que les explosions lointaines et les cris des soldats, ont été utilisés pour ajouter de la tension et de la réalité aux scènes de guerre.

La bande sonore du film, composée par Abigail Mead, a utilisé des sons électroniques et des instruments traditionnels pour ajouter une dimension supplémentaire à l'atmosphère sonore du film. Les thèmes musicaux ont été utilisés pour souligner l'émotion et l'impact des scènes dramatiques, tandis que les effets sonores ont ajouté un réalisme supplémentaire.

Sons et bruitages dans Les incorruptibles

Le film Les Incorruptibles, réalisé par Brian De Palma, est un film de gangsters qui raconte l'histoire de l'agent du FBI Eliot Ness et de son équipe de policiers coriaces qui luttent contre le célèbre gangster Al Capone pendant la période de la prohibition.

Les bruitages utilisés dans le film ont été soigneusement choisis pour ajouter à l'atmosphère réaliste et tendue du film. Les bruitages de fond, tels que les bruits de la ville, les conversations de la foule et les sons de circulation, ont été utilisés pour créer une ambiance sonore authentique de l'époque de la prohibition.

Les bruitages de violence ont également été soigneusement choisis pour renforcer l'impact émotionnel des scènes d'action. Les sons de coups de feu, de coups de poing et de cris de douleur ont été enregistrés en studio et mixés avec les images du film pour créer un effet sonore réaliste.

La musique du film, composée par Ennio Morricone, a également été soigneusement choisie pour ajouter à l'atmosphère du film. La musique a été utilisée pour souligner l'émotion et l'impact des scènes dramatiques, tandis que les effets sonores ont ajouté un réalisme supplémentaire.

Les dialogues ont également été enregistrés avec soin pour garantir une qualité sonore optimale. Les voix des acteurs ont été enregistrées sur le plateau de tournage avec des microphones directionnels pour capter les sons les plus clairs et les plus nets possible.

Les bruitages utilisés dans Les Incorruptibles ont été soigneusement choisis pour ajouter une dimension supplémentaire à l'expérience cinématographique. Les bruitages de fond, les bruitages de violence et la musique ont été utilisés pour renforcer l'impact émotionnel des scènes et créer une ambiance sonore authentique de l'époque de la prohibition. La qualité des bruitages a contribué au succès et à la reconnaissance de Les Incorruptibles comme l'un des meilleurs films de l'histoire du cinéma.

Sons et bruitages dans Die hard

Les films Die Hard, qui mettent en scène le personnage de John McClane, sont connus pour leurs scènes d'action explosives et leurs bruitages intenses. Les sources des bruitages utilisés dans les films Die Hard sont variées et comprennent des effets sonores enregistrés spécialement pour le film, ainsi que des bruitages existants modifiés pour les besoins du film.

Parmi les effets sonores enregistrés spécialement pour les films Die Hard, on trouve des explosions, des coups de feu et des bris de verre. Les équipes de production ont créé des charges explosives sur mesure pour les scènes d'explosion, afin de donner une impression de réalisme. Les bris de verre ont également été enregistrés sur place en utilisant des verres spécialement conçus pour se briser facilement.

Les coups de feu dans les films Die Hard ont été enregistrés à l'aide de différentes armes à feu, notamment des pistolets, des fusils d'assaut et des mitrailleuses. Les équipes de production ont également utilisé des micros pour capturer les effets sonores de différents calibres de balles pour donner une impression de réalisme.

En plus des effets sonores enregistrés spécialement pour les films, les bruitages existants ont été utilisés et modifiés pour les besoins du film. Par exemple, les bruits de voiture ont été enregistrés sur des pistes de course automobile pour obtenir des sons de moteur réalistes, tandis que les bruits de collision ont été enregistrés en utilisant des voitures réelles qui ont été intentionnellement accidentées.

Les bruitages utilisés dans les films Die Hard proviennent d'une variété de sources, et ont été choisis et modifiés pour créer un environnement sonore réaliste qui correspond aux scènes d'action intenses et explosives.

Sons et bruitages dans Le grand bleu

Le Grand Bleu est un film d'aventure et de drame sorti en 1988, réalisé par Luc Besson. Il raconte l'histoire de deux amis plongeurs, Jacques Mayol et Enzo Molinari, qui ont des personnalités et des approches différentes de la vie sous-marine. Le film est connu pour ses superbes images sous-marines ainsi que pour sa bande sonore captivante qui utilise une variété de bruitages et de sons pour renforcer l'atmosphère et l'émotion.

Les sources des bruitages et des sons dans Le Grand Bleu sont nombreuses et variées. Tout d'abord, les sons de la mer ont été enregistrés en utilisant des microphones sous-marins spéciaux. Ces microphones ont été placés à différents endroits pour capturer des sons tels que les vagues, le mouvement des algues et des poissons, ainsi que le bruit de la respiration des plongeurs.

En outre, certains sons ont été créés à partir d'enregistrements de la vie marine, tels que les cris de dauphins et les chants de baleines. Ces sons ont ensuite été modifiés et édités pour les adapter au film. Les sons de plongée, tels que les bulles d'air qui s'échappent de l'équipement, ont également été enregistrés et ajoutés pour donner une sensation d'immersion.

Les bruitages pour les scènes hors de l'eau ont également été soigneusement sélectionnés. Par exemple, le bruit des voitures et des bateaux a été enregistré pour donner une impression de réalisme aux scènes se déroulant sur terre ou sur l'eau. Des instruments de musique traditionnels ont été utilisés pour composer la musique du film, notamment des guitares, des violons et des flûtes.

Enfin, le travail de post-production a été crucial pour peaufiner l'ensemble des sons et des bruitages. Des effets sonores ont été ajoutés pour renforcer les émotions dans les scènes clés, tels que des sons de cordes pour accentuer la tension dans les scènes dramatiques. Le son a également été mixé de manière à créer un environnement sonore immersif pour le spectateur.

Les sources des bruitages et des sons utilisés dans Le Grand Bleu sont diverses et ont été soigneusement sélectionnées pour renforcer l'atmosphère et l'émotion du film. L'ensemble de ces éléments sonores a permis de créer une expérience cinématographique unique et captivante.

Sons et bruitages dans Mississippi burning

Le film Mississippi Burning, réalisé par Alan Parker, est basé sur l'histoire vraie du meurtre de trois militants des droits civiques dans le Mississippi en 1964. Le film est connu pour son atmosphère tendue et sonore, ainsi que pour l'utilisation de bruitages pour renforcer l'impact émotionnel des scènes.

Les bruitages utilisés dans le film ont été soigneusement choisis pour refléter l'époque et le contexte de l'histoire. Les bruits de fond, tels que les sons de la nature, les voitures et les conversations de la foule, ont été utilisés pour créer une ambiance sonore authentique de l'époque.

Les bruitages de violence ont été créés en utilisant des techniques de post-production pour renforcer l'impact émotionnel des scènes. Les sons de coups de poing, de coups de feu et de cris de douleur ont été enregistrés en studio et mixés avec les images du film pour créer un effet sonore réaliste.

La musique du film, composée par Trevor Jones, a également été soigneusement choisie pour ajouter à l'atmosphère tendue du film. La musique a été utilisée pour souligner l'émotion et l'impact des scènes dramatiques, tandis que les effets sonores ont ajouté un réalisme supplémentaire.

Sons et bruitages dans Les Affranchis

Le film Les Affranchis, réalisé par Martin Scorsese, est connu pour son usage créatif des effets sonores pour immerger les spectateurs dans le monde sombre de la mafia américaine. Les bruitages utilisés dans le film sont variés et soigneusement choisis pour renforcer l'ambiance des scènes et ajouter une dimension supplémentaire à l'histoire.

Une des sources principales de bruitages utilisées dans Les Affranchis est la musique. Le film est célèbre pour sa bande-son riche en morceaux de jazz et de rock, utilisés pour créer une ambiance énergique et puissante. La musique est utilisée de manière efficace pour renforcer les scènes de violence, de fête ou de tension.

Les bruitages liés à l'activité de la mafia, tels que les coups de feu, les cris et les bruits de voitures en poursuite, sont également utilisés dans le film pour créer une ambiance immersive. Les sons de la ville et de la vie nocturne, comme les voitures qui passent dans la rue, les cris de foule et les bruits de musique, sont également utilisés pour renforcer l'atmosphère.

Les bruitages utilisés dans Les Affranchis sont essentiels pour créer une ambiance immersive et réaliste dans ce monde sombre de la mafia américaine. Ils ajoutent une dimension supplémentaire à l'histoire et renforcent l'expérience cinématographique globale.

Sons et bruitages dans Jurassic Park/World

Les films de la saga Jurassic Park / Jurassic World sont connus pour leurs effets sonores impressionnants, qui ont joué un rôle crucial dans la création d'une atmosphère immersive et effrayante. Les bruitages utilisés dans les six films de la série ont été soigneusement conçus pour recréer les sons des dinosaures et pour renforcer l'expérience cinématographique pour le public.

Mais comment créer le son d'animaux préhistoriques dont nous ignorons totalement à quoi ils pouvaient ressembler ? C'était la lourde tâche de Gary Rydstrom, le designer sonore pour le film Jurassic Park. Il a dû créer des dizaines de bruits de dinosaures tous différents, le tout en partant de 0, puisque personne ne sait vraiment ce à quoi ces animaux morts depuis longtemps auraient ressemblé. Sa solution était de passer des mois à l'enregistrement de bruits d'animaux - certains exotiques, d'autres pas - puis de peaufiner ces sons actuels afin de créer quelque chose d'un autre temps mais toujours organique.

Pour créer les bruits des dinosaures, l'équipe de conception sonore a utilisé une variété de sources différentes. Les rugissements des Tyrannosaurus Rex ont été créés en combinant les sons d'un éléphant, d'un lion et d'un tigre. Les cris des Vélociraptors ont été créés en mélangeant les bruits de divers oiseaux de proie, tels que les faucons et les aigles, tandis que les grincements des Dilophosaurus ont été créés à partir d'une variété de sons, notamment le son d'un cygne en train de souffler dans ses plumes.

En plus des sons des dinosaures, l'équipe de conception sonore a également incorporé des bruits d'ambiance pour renforcer l'immersion du public dans les environnements naturels de la série. Les sons de la jungle ont été enregistrés sur place à Hawaï et ont été modifiés pour donner une impression de profondeur et de mystère, tandis que les sons de l'océan ont été enregistrés à partir d'une variété de sources, notamment des enregistrements de baleines et de dauphins.

En outre, l'équipe de conception sonore a utilisé des instruments de musique électronique et des synthétiseurs pour créer des sons futuristes pour les technologies avancées utilisées dans la série, comme le son des portes électriques et des ordinateurs.

Voici les animaux utilisés pour obtenir les sons des dinosaures de Jurassic Park : le vélociraptor : Ils sont plutôt intelligents et ils semblent avoir leur propre langage pour communiquer. Ces sons assez étranges proviennent de tortues...en train de s'accoupler quand elles ont été enregistrées !

Lorsque le raptor respire fort dans la cuisine, il s'agit en fait du souffle d'un cheval. Le cheval a d'ailleurs été utilisé pour plusieurs autres dinosaures. Lors de la scène où Muldoon se fait attaquer par un raptor, le dernier bruit que celui-ci entend c'est une sorte de sifflement. Ce son vient en fait d'une oie... en colère ! Lorsque le troupeau de Gallimimus se fait chasser par le T-rex, cela rappelle fortement une ruée de chevaux sauvages.

Pour les scènes des Gallimimus, Rydstrom nous explique avoir enregistré une jument en chaleur. Apparemment, un grand nombre d'animaux en chaleur produisent des sons bien particuliers. Le tyrannosaurus rex, le dinosaure le plus impressionnant, emprunte la plupart de ses cris au Jack Russel (oui oui le petit chien) de Rydstrom ! Selon lui, le T-rex a un comportement très canin particulièrement lorsque le T-rex attrape un Gallimimus et le secoue... son chien avait la même attitude mais avec son jouet en corde.

Pour son rugissement, ce n'est pas son petit chien qui a été utilisé comme modèle mais un bébé éléphant ! En ralentissant le son produit par l'éléphanteau, le bruit devient plus impressionnant.
Le son produit par le brachiosaurus est un des préférés de Rydstrom... Il trouve son chant mélodieux. Pourtant il provient d'un âne. Lorsque le Brachiosaurus éternue, il s'agit en fait du mélange des sons d'un évent d'une baleine et d'une bouche d'incendie...

Pour le Triceratops, Rydstrom a beaucoup travaillé avec des troupeaux de vaches. La respiration du Tricératops malade est un des seuls bruits qui n'est pas organique puisqu'il a été réalisé à partir d'un tube en carton...

Pour les bébés raptors ce sont des sons provenant de nombreux très jeunes animaux (bébés oiseaux et renards qui ont été mélangés)

Dans la scène où le Dilophosaurus s'approche de Dennis Nedry, le son provient d'un cygne. Finalement, l'équipe de conception sonore a soigneusement mixé les différents éléments sonores pour créer une expérience sonore immersive pour le public. Les effets sonores ont été synchronisés avec la musique du film pour renforcer l'impact émotionnel des scènes et rendre l'expérience cinématographique plus mémorable.

Les effets sonores dans la saga Jurassic Park / Jurassic World ont été conçus avec une grande attention aux détails pour créer une expérience sonore réaliste et immersive. Les bruits des dinosaures et les bruits d'ambiance ont été utilisés pour ajouter de l'intensité aux scènes et renforcer l'impact émotionnel de la série. Les techniques et les sources utilisées pour créer ces effets sonores ont établi une norme pour les films de science-fiction et ont contribué à la popularité durable de la série auprès des fans de cinéma.

Sons et bruitages dans Entretien avec un vampire

"Entretien avec un vampire" est un film d'horreur fantastique de 1994 réalisé par Neil Jordan, qui met en scène des vampires dans un environnement gothique et oppressant. Les effets sonores et les bruitages jouent un rôle crucial dans la création de l'atmosphère terrifiante du film.

Pour créer les bruitages dans le film "Entretien avec un vampire", les concepteurs sonores ont utilisé une variété d'éléments pour donner vie aux différents effets sonores du film. Voici quelques exemples d'éléments utilisés :

Objets et matériels : Les concepteurs sonores ont utilisé divers objets et matériels pour produire des bruitages réalistes, tels que le son des grincements de portes, des cliquetis de serrures, des bris de verre, des battements d'ailes de chauves-souris ou encore des hurlements d'animaux. Ils ont également utilisé des outils tels que des chaînes, des marteaux, des cloches et des scies pour produire des sons plus spécifiques.

Enregistrements sur le terrain : Pour capturer des sons réels et authentiques, l'équipe a enregistré des sons sur le terrain, comme des sons de la nature, des bruits de la ville.

Sons électroniques : les concepteurs sonores ont créé des sons électroniques en utilisant des synthétiseurs et des générateurs de bruits.

Ensuite, les bruitages ont été synchronisés avec les images du film pour créer des scènes plus immersives. Les bruits de pas, par exemple, ont été soigneusement synchronisés avec les mouvements des personnages pour donner l'impression que les spectateurs sont directement plongés dans l'univers du film.

Enregistrements de la musique : La bande originale du film a également été utilisée pour produire des bruitages et des effets sonores. Les musiciens ont enregistré des sons uniques en utilisant des instruments tels que des violons, des guitares électriques ou encore des percussions.

L'utilisation de la musique a également été un élément important pour renforcer les effets sonores et les bruitages. La bande originale du film a été composée par Elliot Goldenthal, qui a travaillé avec des orchestres complets pour créer une ambiance gothique et sombre qui correspondait parfaitement à l'atmosphère du film. La musique a également été utilisée pour renforcer les moments de tension et de suspense.

Enfin, la phase de mixage a permis d'ajuster le volume et l'équilibre des effets sonores et des bruitages pour créer une expérience sonore optimale. Le mixeur son a travaillé en étroite collaboration avec le réalisateur pour s'assurer que chaque élément sonore était présent au bon moment et avec la bonne intensité.

Les techniques utilisées en post-production pour les effets sonores et les bruitages dans "Entretien avec un vampire" ont permis de créer une ambiance terrifiante et immersive qui renforce l'effet horrifique du film. La qualité et la créativité de ces effets sonores ont contribué à faire de ce film un classique du genre.

Sons et bruitages dans Jumanji

Les films Jumanji, qui ont été réalisés en 1995, 2017 et 2019, ont des sons et des bruitages très différents. Cependant, les trois films partagent une chose en commun : les sons des animaux sauvages et de la jungle.

Dans le film original de 1995, les effets sonores ont été créés par Gary Rydstrom, qui a également travaillé sur Star Wars et Jurassic Park.

Pour les sons des animaux sauvages, Rydstrom a utilisé des enregistrements de cris et de rugissements d'animaux réels, tels que des lions, des éléphants, des tigres et des singes. Cependant, pour les animaux fictifs tels que les araignées géantes et les plantes carnivores, les bruitages ont été créés à partir de sons de différentes sources, tels que des cris humains inversés et des sons de synthétiseur.

Les films Jumanji: Bienvenue dans la jungle de 2017 et Next level 2019 ont utilisé des techniques similaires pour les bruitages des animaux. Les enregistrements d'animaux réels ont été utilisés pour les lions, les éléphants et les singes, mais cette fois, ils ont également utilisé des sons d'insectes pour les scènes impliquant des scarabées et des moustiques. Pour les bruitages des jaguars, l'équipe son a enregistré des sons de tigres et de lions et les a modifiés numériquement pour créer un son unique.

En outre, les films de 2017 et 2019 ont également utilisé des bruitages de jeux vidéo pour les scènes d'action, tels que des sons de bonus pour indiquer une victoire et des sons de défaite pour indiquer une perte. Les bruitages des armes à feu ont également été créés numériquement pour créer des sons uniques et différents de ceux des armes réelles.

Les bruitages des films Jumanji ont été créés en utilisant une combinaison d'enregistrements d'animaux réels, de sons de synthétiseur et de techniques numériques pour créer des sons uniques pour les animaux fictifs et les actions du film.

Sons et bruitages dans toys story

Le film d'animation Toy Story, réalisé par John Lasseter en 1995, a marqué un tournant dans l'histoire de l'animation en étant le premier long métrage entièrement réalisé en images de synthèse. Les bruitages ont joué un rôle essentiel dans l'immersion du public dans cet univers de jouets animés.

Pour donner vie aux différents personnages, les bruiteurs ont utilisé une grande variété de sources sonores. Les voix ont été enregistrées en studio par des acteurs professionnels, mais les bruitages des mouvements des jouets ont été créés de toutes pièces.

Par exemple, les bruiteurs ont utilisé des bruits de jouets en mouvement, comme des peluches qui grattent ou des petites voitures qui roulent, pour créer les bruits des personnages en mouvement. Ils ont également utilisé des objets courants, comme des clés ou des stylos, pour créer des sons plus complexes. Les bruitages des armes à feu et des explosions ont également été soigneusement conçus pour correspondre à l'univers du film.

Le son est un élément clé de Toy Story, qui contribue à l'immersion du spectateur dans l'univers des jouets. Les bruiteurs ont réussi à créer des sons réalistes et crédibles qui ont donné vie aux personnages et aux décors. Le succès de Toy Story a inspiré de nombreux autres films d'animation à utiliser des techniques similaires pour créer des bruitages réalistes et immersifs.

Sons et bruitages dans mission impossible

Les films Mission Impossible sont connus pour leur action intense et leurs cascades palpitantes, et une grande partie de cette expérience est créée par les bruitages qui les accompagnent. Les bruitages dans ces films sont utilisés pour tout, de la course à pied et de la lutte à l'utilisation de gadgets de haute technologie.

La source des bruitages utilisés dans les films Mission Impossible varie en fonction de leur utilisation. Par exemple, pour les scènes de course et de poursuite, les bruitages des voitures sont créés en utilisant une combinaison de véritables enregistrements de moteurs de voitures, de bruits synthétiques et d'effets sonores ajoutés en post-production. Les bruits de dérapages et les bruits de freinage sont souvent ajoutés en post-production pour ajouter un effet dramatique supplémentaire.

Pour les scènes de combat, les bruitages sont souvent créés à partir d'enregistrements de coups de poing et de coups de pied réels, qui sont ensuite ajoutés en post-production. Les bruits d'impact sont souvent exagérés pour ajouter un effet dramatique supplémentaire.

En ce qui concerne les gadgets et la technologie, les bruitages sont souvent créés à partir d'éléments de la vie réelle. Les sons de communication radio et de surveillance sont souvent enregistrés à partir de véritables appareils radio et de surveillance, tandis que les bruitages des explosions et des armes sont souvent créés en utilisant des enregistrements de véritables explosions et d'armes à feu.

La source des bruitages dans les films Mission Impossible est aussi variée que la gamme d'actions que l'on peut voir dans ces films. La combinaison d'éléments réels et de bruitages créés en post-production permet de créer une expérience sonore immersive qui ajoute à l'intensité et au plaisir de regarder ces films d'action.

Sons et bruitages dans Mars attacks

Le film "Mars Attacks!" de Tim Burton est une satire de science-fiction comique qui se déroule dans un univers où des extraterrestres venus de Mars envahissent la Terre. Les bruitages du film ont été soigneusement sélectionnés pour ajouter une touche humoristique à l'ensemble de l'histoire.

Le réalisateur Tim Burton a travaillé avec le concepteur sonore Jerry Ross pour créer des bruitages uniques pour le film. La plupart des sons ont été créés à partir de zéro à l'aide de synthétiseurs et d'autres équipements audio, tels que des boîtes à rythmes et des machines à bruit blanc. Les extraterrestres ont également leur propre langage, qui a été créé à partir de plusieurs langues différentes et modifié pour donner un effet étranger et comique.

Les bruits des armes à feu, des explosions et des vaisseaux spatiaux ont été enregistrés et mixés pour créer des effets sonores réalistes. Les voix des acteurs ont été doublées pour correspondre aux sons des pistolets laser et des rayons de téléportation.

Le film comporte également des musiques et des chansons des années 1950, qui ont été utilisées pour ajouter une touche de nostalgie à l'univers du film. Les sons des instruments de musique ont été réenregistrés pour donner un effet plus vintage et authentique.

Les bruitages de "Mars Attacks!" sont le fruit d'un travail de conception sonore créatif et amusant, qui s'intègre parfaitement à l'univers loufoque et comique du film.

Sons et bruitages dans Titanic

Le film Titanic, réalisé par James Cameron, est un drame romantique basé sur la tragique histoire du naufrage du Titanic en 1912. Pour donner vie à l'histoire sur grand écran, une attention particulière a été portée aux effets sonores du film.

Le bruitage de l'eau a été l'un des aspects les plus importants des effets sonores de Titanic. Les sons des vagues et des éclaboussures ont été enregistrés en studio pour créer un effet sonore réaliste qui correspondait à l'immensité de l'océan Atlantique. Des enregistrements de l'eau qui s'écoulait ont également été utilisés pour reproduire le son du navire qui prenait de l'eau après l'impact avec l'iceberg.

Les bruits de la machinerie du Titanic ont également été enregistrés pour créer une ambiance réaliste. Les sons des moteurs, des turbines et des pompes ont été capturés pour donner vie à la complexité de l'immense navire.

Les effets sonores ont également été utilisés pour créer une atmosphère émotionnelle. Les cris des passagers et de l'équipage ont été capturés pour renforcer l'impact des scènes dramatiques, tandis que la musique originale de James Horner a été utilisée pour souligner l'émotion du film.

Un soin particulier a été accordé aux effets sonores des scènes de naufrage du navire. Les sons de la coque qui craquait et des explosions ont été créés à partir d'une variété de sources, y compris des enregistrements de l'effondrement de structures en béton.

Les effets sonores de Titanic ont été créés avec une grande attention aux détails pour offrir une expérience cinématographique immersive et émotionnelle. Les bruitages de l'eau, de la machinerie et des scènes de naufrage ont été soigneusement choisis pour donner vie à l'histoire du naufrage du Titanic et souligner l'émotion de chaque scène. Les effets sonores de Titanic sont un excellent exemple de l'importance des détails sonores dans la création d'un film immersif.

Sons et bruitages dans Men in black

Les films Men in Black, réalisés par Barry Sonnenfeld, contiennent une variété de bruitages qui ajoutent de l'ambiance et du réalisme aux scènes d'action et de science-fiction. Les bruitages sont une partie essentielle de la création de l'univers sonore du film et sont souvent créés à partir de sources inhabituelles pour donner un effet sonore unique.

Par exemple, le son du pistolet Neuralyzer, l'arme utilisée pour effacer la mémoire des témoins, est un bruitage créé à partir d'un mélange de sons de décharges électriques et de jets d'air comprimé. Le son des extraterrestres qui parlent une langue étrange est également créé à partir de sons modifiés de langues humaines et d'effets sonores numériques.

Les scènes d'action impliquant les voitures volantes, les vaisseaux spatiaux et les armes futuristes contiennent également des bruitages uniques. Par exemple, le son des voitures volantes est créé à partir de l'enregistrement de voitures classiques avec des effets sonores de turbine d'avion ajoutés pour donner l'impression de vol. Les armes futuristes ont des sons qui sont créés en combinant des bruits de feu et de décharges électriques pour donner une sensation de puissance et de technologie avancée.

Le film utilise également des bruitages pour créer une atmosphère surnaturelle. Par exemple, les sons étranges émis par les aliens et les insectes géants créent une ambiance d'angoisse et de mystère. Le bruitage de la goutte d'eau qui tombe dans une caverne est utilisé pour donner une sensation d'isolement et de claustrophobie.

Les films Men in Black utilisent une grande variété de sources pour créer des bruitages originaux et captivants. Le travail des ingénieurs du son et des concepteurs sonores est crucial pour donner vie à l'univers du film et créer une expérience sonore immersive pour les spectateurs.

Sons et bruitages dans Anaconda

Le film Anaconda, sorti en 1997, est un film d'horreur sur les aventures d'un groupe de personnes qui cherchent à capturer un anaconda géant dans la forêt amazonienne. Pour donner vie au serpent géant et créer une ambiance angoissante, de nombreux bruitages ont été utilisés dans le film.

Les bruitages de l'anaconda ont été créés en combinant plusieurs sons différents, notamment des enregistrements de serpents réels, de lézards et de crocodiles, ainsi que des sons synthétiques et des effets sonores créés en post-production. Les sons des mouvements de l'anaconda ont été enregistrés en faisant glisser des cordes sur des surfaces rugueuses pour donner l'impression que le serpent se déplaçait sur le sol.

Les bruitages des attaques de l'anaconda ont été réalisés en enregistrant des cris d'animaux, des grincements et des craquements de bois, ainsi que des effets sonores spéciaux pour accentuer la force et la puissance du serpent.

Pour les scènes de la forêt amazonienne, les bruitages ont été enregistrés sur place, en utilisant des micros spéciaux pour capturer les sons de la faune et de la flore locale. Des bruits d'insectes, de singes et d'oiseaux ont été ajoutés en post-production pour créer une ambiance authentique de la jungle.

Les bruitages de l'expédition ont été enregistrés en utilisant des équipements de camping, tels que des boussoles, des lampes de poche et des tentes, pour ajouter une touche de réalisme aux scènes de campement.

Les bruitages dans Anaconda ont été créés de manière à susciter la peur et l'angoisse chez le spectateur, en utilisant des sons réels et synthétiques pour donner vie à l'anaconda et à la jungle amazonienne.

Sons et bruitages dans Il faut sauver le soldat Ryan

Le film Il faut sauver le soldat Ryan, réalisé par Steven Spielberg en 1998, est un drame de guerre qui relate l'histoire d'un groupe de soldats américains envoyé en mission pour retrouver le dernier survivant d'une fratrie de quatre frères morts sur le front pendant la Seconde Guerre mondiale.

Les bruitages jouent un rôle important dans ce film pour donner une ambiance réaliste et immersive aux scènes de bataille. Les bruitages ont été créés à partir de différentes sources, notamment des armes et des explosions réelles, des enregistrements de véhicules militaires, des ambiances de guerre et des sons de corps humains.

Les armes à feu, les explosions et les obus ont été enregistrés sur un champ de tir militaire pour donner aux sons une authenticité et une intensité réelles. Les bruits de tirs ont été enregistrés à l'aide de plusieurs types d'armes, comme des mitrailleuses, des fusils d'assaut, des bazookas et des grenades, pour obtenir une large gamme de sons.

Les sons de véhicules militaires, tels que les chars et les jeeps, ont été enregistrés en utilisant des enregistreurs de terrain pour capturer les bruits mécaniques et les sons de mouvement des véhicules. Des ambiances de guerre ont également été enregistrées pour donner une impression d'immersion totale dans la scène de combat.

Les bruitages des corps humains ont été créés à partir d'une variété de sources, notamment des enregistrements de cris et de gémissements humains, ainsi que des enregistrements de membres de l'équipe de production effectuant des bruits de chute et de collision pour imiter le bruit des corps tombant et se heurtant à des obstacles.

Les bruitages du film Il faut sauver le soldat Ryan ont été soigneusement sélectionnés et créés pour donner une immersion totale au spectateur dans l'univers de la Seconde Guerre mondiale et des combats. Ces bruitages, combinés à la musique de John Williams, contribuent à l'émotion et à l'intensité des scènes de bataille et à la réalisation d'un film réaliste et marquant.

Sons et bruitages dans Matrix

Les bruitages utilisés dans les films Matrix proviennent de diverses sources, allant des enregistrements de voix humaines aux sons générés par ordinateur. Les bruitages de combat et d'impact corporel sont souvent obtenus en utilisant des techniques de foley, où les bruits sont enregistrés en temps réel par des artistes qui recréent les sons en utilisant des objets du quotidien tels que des couteaux, des morceaux de viande, des pistolets à air comprimé, ou même des gants de boxe.

Les sons futuristes de Matrix, tels que les effets sonores de l'interface de la matrice et les voix robotiques, ont été créés en utilisant des logiciels de synthèse sonore. Les bruitages de scènes de poursuite ou de combat avec les machines sont souvent créés en combinant des éléments sonores existants, tels que des bruits de moteurs, des klaxons, des sifflements de vapeur, avec des sons d'éléments mécaniques ou électriques, tels que des boulons qui se desserrent ou des fils électriques qui grésillent.

Les effets sonores du film ont été créés par les équipes de design sonore supervisées par Dane A. Davis, qui ont travaillé en étroite collaboration avec les frères Wachowski, les réalisateurs du film. Les sons ont été soigneusement sélectionnés pour donner une impression d'immersion dans l'univers de Matrix, tout en créant une ambiance futuriste et technologique.

Sons et bruitages dans En pleine tempête

Le film En pleine tempête, réalisé par Wolfgang Petersen, est un film de catastrophe naturelle qui suit l'histoire d'un groupe de pêcheurs qui se retrouvent pris dans une tempête féroce alors qu'ils tentent de rentrer chez eux.

Les bruitages utilisés dans le film ont été soigneusement sélectionnés pour ajouter à l'atmosphère réaliste et immersive du film. Les bruits de l'océan, du vent et des vagues ont été enregistrés en studio et mixés avec les images du film pour créer un effet sonore réaliste de la tempête.

Les bruits des bateaux et de la mécanique ont également été enregistrés pour ajouter une touche de réalisme supplémentaire. Les bruits des moteurs, des hélices et des autres équipements de navigation ont été enregistrés sur le plateau de tournage pour capturer les sons les plus authentiques possibles.

Les dialogues ont également été enregistrés avec soin pour garantir une qualité sonore optimale. Les acteurs ont été équipés de microphones spéciaux pour capter leurs voix avec le moins d'interférences possible, même pendant les scènes les plus tumultueuses de la tempête.

La musique du film, composée par James Horner, a également été soigneusement choisie pour ajouter à l'atmosphère dramatique du film. La musique a été utilisée pour souligner l'émotion et l'impact des scènes les plus intenses du film, tandis que les effets sonores ont ajouté un réalisme supplémentaire.

Les bruitages utilisés dans En pleine tempête ont été soigneusement choisis pour ajouter une dimension supplémentaire à l'expérience cinématographique. Les bruitages de fond, les bruitages de bateaux et la musique ont été utilisés pour renforcer l'atmosphère réaliste du film.

Sons et bruitages dans Destination finale

Les films Destination Finale (Final Destination en anglais) sont connus pour leurs scènes d'horreur qui impliquent souvent des accidents mortels qui ont lieu de manière inattendue. Pour créer une expérience immersive pour les spectateurs, les bruitages sont un élément essentiel de la conception sonore.

Les bruitages utilisés dans les films Destination Finale sont variés, allant des bruits de pneus qui crissent, de vitres brisées, de moteurs qui explosent aux cris de panique des personnages. Les effets sonores sont souvent combinés pour créer un effet plus intense, tels que le son du vent soufflant à travers une fenêtre qui se brise, ou le son de la foule criant dans une scène de panique.

Les concepteurs sonores des films Destination Finale se sont inspirés de sources diverses pour créer les effets sonores. Par exemple, ils ont pu enregistrer des sons réels de voitures accidentées, de feux d'artifice, d'explosions ou encore de cris humains pour donner vie aux scènes d'accidents mortels. Des logiciels de création sonore ont également été utilisés pour ajouter des effets supplémentaires ou pour modifier les sons existants afin de les adapter à la scène.

Les bruitages utilisés dans les films Destination Finale sont le résultat d'une combinaison de sons enregistrés en direct et d'effets sonores créés numériquement. Leur utilisation est essentielle pour créer une expérience horrifiante pour le public et pour donner vie aux scènes d'accidents mortels qui sont une caractéristique clé de cette série de films à succès.

Sons et bruitages dans Fast and furious

Les films de la saga Fast and Furious sont connus pour leurs scènes d'action rapides et intenses, qui impliquent souvent des voitures de sport, des cascades et des explosions. Les bruitages utilisés dans ces films sont donc un élément crucial pour donner vie à ces scènes.

Pour les bruitages des voitures, les ingénieurs du son utilisent souvent des enregistrements de véhicules réels pour créer des sons authentiques. Ils peuvent enregistrer les bruits de moteurs, de pneus qui crissent sur l'asphalte, de vitesses qui passent, et même des sons de collisions. Ces enregistrements sont ensuite modifiés et ajustés pour correspondre parfaitement aux images à l'écran.

Les cascades, qui sont une partie importante des films Fast and Furious, nécessitent également des bruitages spéciaux pour renforcer l'impact des chocs et des explosions. Les ingénieurs du son utilisent souvent des sons de coups de feu, d'explosions et de fracas pour ajouter de la tension et de l'excitation à ces scènes.

Enfin, la musique de la saga Fast and Furious est également un élément important des films, avec des bandes-son qui comportent souvent des chansons pop et hip-hop pour ajouter une ambiance contemporaine. Les ingénieurs du son doivent travailler en étroite collaboration avec les compositeurs et les artistes pour intégrer la musique de manière harmonieuse avec les bruitages et les dialogues.

Les bruitages utilisés dans les films de la saga Fast and Furious sont un mélange de sons authentiques de voitures, de bruits spéciaux pour les cascades et les explosions, ainsi que de musiques soigneusement choisies pour créer une ambiance immersive pour les spectateurs. Le tout est ensuite assemblé par les ingénieurs du son pour créer une expérience sonore inoubliable.

Sons et bruitages dans Harry Potter.

Les films Harry Potter ont été salués pour leur conception sonore, notamment pour leurs effets sonores saisissants. Les bruitages ont été créés par une équipe de sound designers talentueux qui ont réussi à donner vie à l'univers magique de J.K. Rowling.

L'une des sources principales des bruitages des films Harry Potter était la bibliothèque de sons de la Warner Bros, qui contenait des enregistrements de toutes sortes de sons et de bruits de la vie réelle. Cependant, les sound designers ont également créé des sons originaux en utilisant des instruments de musique, des synthétiseurs et d'autres outils de production audio.

Par exemple, les sons des créatures magiques telles que les dragons et les hippogriffes ont été créés à partir d'enregistrements de cris d'animaux, tels que des lions et des aigles, qui ont ensuite été manipulés numériquement pour donner l'impression de créatures fantastiques. Les sorts et les enchantements ont été accompagnés d'effets sonores magiques tels que des éclairs, des explosions et des chuchotements mystérieux, qui ont été créés en utilisant des synthétiseurs et des échantillonneurs de son.

En outre, les sound designers ont également travaillé en étroite collaboration avec les monteurs sonores et les concepteurs de musique pour créer un environnement sonore cohérent et immersif. Les dialogues des acteurs ont été enregistrés avec une grande attention aux détails pour s'assurer qu'ils étaient clairs et audibles, même dans les scènes les plus bruyantes.

Les bruitages des films Harry Potter ont contribué à donner vie à l'univers magique de la série et ont permis aux spectateurs de se sentir véritablement plongés dans le monde de la sorcellerie et de la magie.

Sons et bruitages dans Le Seigneur des anneaux

Les films de la trilogie "Le Seigneur des anneaux" sont connus pour leurs effets sonores immersifs qui transportent les spectateurs dans le monde fantastique de la Terre du Milieu. Les bruitages utilisés pour créer cette ambiance sonore ont été soigneusement conçus pour refléter les différents éléments du film, des batailles épiques aux moments de calme et de contemplation.

Les bruitages de combat, en particulier, ont été créés en utilisant une variété de techniques et d'éléments sonores. Les épées ont été enregistrées en train de s'entrechoquer pour produire des sons métalliques réalistes, tandis que des coups de poing et de pied ont été enregistrés pour créer des bruits de combat plus intenses. Des cris et des grognements ont également été ajoutés pour donner l'impression que les guerriers étaient engagés dans une lutte violente.

Les effets sonores de créatures ont également été soigneusement conçus pour donner vie aux différents monstres du film. Les hurlements des Nazgûls, les rugissements des Balrogs et le grondement des Oliphants ont tous été créés en utilisant des enregistrements de voix humaine, qui ont ensuite été transformés numériquement pour créer les sons distincts de ces créatures mythiques.

Pour le cri strident des nazgûl, le cri vient en fait de Fran Walsh, la femme du réalisateur de la trilogie. Dans le commentaire audio de La Communauté de l'Anneau, Peter Jackson a confié que rien de ce qu'ils avaient ne leur convenait. Alors il a fait appel à sa femme, elle aussi productrice et scénariste de la trilogie. Et en effet, si les serviteurs de Sauron ont pu avoir un cri réussi, c'est grâce à l'inflammation de la gorge de Fran Walsh, la femme de Peter Jackson.

" La vérité, c'est que nous voulions un cri qui dégage une certaine puissance. À l'époque, j'avais une angine". Elle a donc pu, grâce à sa voix éraillée et cassée, sortir un son spécial de sa bouche et ainsi en faire le bruit officiel des Nazgûl. Elle confie également que c'est son initiative.

Les moments de calme et de contemplation ont également été accompagnés de bruitages subtils, tels que le bruit des feuilles dans le vent et le chant des oiseaux. Ces effets sonores ont été utilisés pour donner l'impression d'une nature paisible et ont permis de créer une atmosphère immersive.

Les bruitages des films "Le Seigneur des anneaux" ont été soigneusement sélectionnés pour refléter l'histoire et l'univers du film, et pour immerger les spectateurs dans cette expérience fantastique. Grâce à ces effets sonores immersifs, les spectateurs peuvent vivre pleinement les aventures de Frodon et de l'Anneau, et se sentir transportés dans ce monde extraordinaire.

Sons et bruitages dans Le cercle

Le film "Le Cercle" utilise des effets sonores et des bruitages de manière particulièrement efficace pour créer une atmosphère angoissante et oppressante. Tout au long du film, on peut entendre des bruits étranges et inquiétants qui renforcent l'ambiance de mystère et de danger qui entoure les personnages.

Dès le début du film, les effets sonores créent une ambiance sinistre et inquiétante. Le bruit de la pluie battante, le grondement du tonnerre et les éclairs qui illuminent l'écran renforcent l'atmosphère lugubre. On entend également des sons de craquements et de grattements, qui laissent entendre que quelque chose se cache dans les ténèbres.

Plus tard dans le film, les bruitages prennent une place encore plus importante. Lorsque les personnages se retrouvent confrontés aux esprits vengeurs du passé, les effets sonores deviennent plus intenses et plus fréquents. Les sons de chuchotements et de cris étouffés se font entendre dans les moments de tension, tandis que les portes qui s'ouvrent et se ferment toutes seules, les meubles qui bougent tout seuls, les bruits de pas qui s'approchent et les rires maléfiques créent une atmosphère terrifiante.

En utilisant des effets sonores de manière aussi subtile et efficace, le réalisateur parvient à créer une atmosphère de tension et de peur qui ajoute énormément à l'expérience du spectateur. Les bruitages sont utilisés pour suggérer l'existence de forces surnaturelles et inquiétantes, renforçant l'impression que les personnages sont en danger constant. Cela contribue grandement à faire de "Le Cercle" un film d'horreur captivant et terrifiant.

Sons et bruitages dans Resident evil

Le film Resident Evil est une adaptation cinématographique de la série de jeux vidéo du même nom. Le film est rempli d'effets sonores qui créent une atmosphère de tension et d'horreur.

Les bruitages utilisés dans Resident Evil ont été conçus pour donner vie à l'univers du jeu vidéo. Les sons de zombies, de créatures mutantes et d'armes ont été créés par des artistes sonores expérimentés.

Les sons de zombies sont souvent créés en modifiant des sons d'animaux existants, tels que des rugissements de tigres ou des grognements de cochons. Les grognements, les grondements et les cris des zombies ont été créés en combinant des sons d'animaux avec des bruits électroniques.

Les bruitages des armes, des explosions et des combats ont été créés en utilisant des armes réelles et en combinant des sons pour créer des effets sonores plus puissants et réalistes. Les artistes sonores ont enregistré le son de vraies armes à feu pour les effets de tirs, tandis que les explosions ont été enregistrées à partir de feux d'artifice et de charges explosives.

Les sons de l'univers du film, tels que les portes qui grincent et les alarmes qui retentissent, ont également été conçus pour ajouter de l'atmosphère et de la tension. Les artistes sonores ont créé ces sons en utilisant des enregistrements réels de portes grinçantes et d'alarmes.

Les bruitages dans Resident Evil sont une combinaison de sons d'animaux, de bruits électroniques, d'armes réelles, d'explosions et d'enregistrements réels. Tous ces éléments ont été combinés pour créer un univers sonore réaliste et effrayant qui correspond à l'univers du jeu vidéo.

Sons et bruitages dans Master and Commander

Le film Master and Commanders, réalisé par Peter Weir, est un film d'aventure qui raconte l'histoire du capitaine Jack Aubrey et de son équipage alors qu'ils poursuivent un navire ennemi à travers les mers pendant les guerres napoléoniennes.

Les bruitages utilisés dans le film ont été soigneusement choisis pour ajouter à l'atmosphère réaliste du film. Les bruits de l'océan, du vent et des vagues ont été enregistrés en studio et mixés avec les images du film pour créer un effet sonore réaliste.

Les bruitages des navires, tels que les sons des voiles qui claquent et des cordages qui grincent, ont également été soigneusement choisis pour ajouter à l'atmosphère maritime du film. Les bruits de canons et de tirs ont été enregistrés en studio et mixés avec les images du film pour créer un effet sonore réaliste de la bataille navale.

La musique du film, composée par Christopher Gordon, a également été soigneusement choisie pour ajouter à l'atmosphère du film. La musique a été utilisée pour souligner l'émotion et l'impact des scènes dramatiques, tandis que les effets sonores ont ajouté un réalisme supplémentaire.

Sons et bruitages dans Pirates des Caraïbes

Pirates des Caraïbes est une franchise de films d'aventure et de fantasy créée par Disney. Le premier film, La Malédiction du Black Pearl, est sorti en 2003 et a été suivi de quatre suites. La série est célèbre pour son action palpitante, ses effets spéciaux spectaculaires et sa bande sonore épique, qui utilise une variété de bruitages et de sons pour renforcer l'atmosphère et l'émotion.

Les sources des bruitages et des sons dans Pirates des Caraïbes sont multiples et diverses. Tout d'abord, les sons de la mer ont été enregistrés en utilisant des microphones spéciaux, afin de capter le bruit des vagues, des tempêtes, des oiseaux marins, et des créatures sous-marines. Cela crée un environnement sonore authentique pour les scènes se déroulant sur l'eau, telles que les batailles navales.

En outre, des sons ont été enregistrés pour les scènes de combat, tels que le bruit des épées qui s'entrechoquent, les cris des combattants, et les explosions de canon. Des bruitages ont également été utilisés pour donner vie aux navires, avec des craquements de bois et des sons de cordages pour renforcer l'impression d'un navire en mouvement.

La musique de Pirates des Caraïbes est un élément clé de la bande sonore, composée par Hans Zimmer. Les instruments traditionnels ont été utilisés, tels que le violon, le violoncelle et la flûte, mais la musique utilise également des sons électroniques pour renforcer l'atmosphère fantastique du film. Les thèmes musicaux emblématiques, tels que le célèbre thème de Jack Sparrow, ajoutent à l'émotion du film.

Enfin, le travail de post-production a été crucial pour affiner l'ensemble des sons et des bruitages. Les effets sonores ont été ajoutés pour renforcer les émotions dans les scènes clés, telles que les cris de joie ou de terreur. Le son a également été mixé de manière à créer un environnement sonore immersif pour le spectateur.

Les sources des bruitages et des sons utilisés dans Pirates des Caraïbes sont multiples et ont été soigneusement sélectionnées pour renforcer l'atmosphère et l'émotion du film. L'ensemble de ces éléments sonores a permis de créer une expérience cinématographique unique et immersive, qui transporte le spectateur dans le monde fantastique des pirates et des océans.

Sons et bruitages dans Saw

Les films SAW sont connus pour leur utilisation de sons brutaux et terrifiants pour renforcer leur atmosphère sombre et horrifique. Les bruitages sont essentiels pour donner vie aux pièges mortels qui font partie intégrante de la série.

Les sources des bruitages utilisés dans les films SAW sont très variées et incluent des objets du quotidien tels que des poubelles métalliques, des scies, des marteaux, des perceuses et des pistolets. Les sons de cris et de gémissements ont également été ajoutés pour amplifier l'horreur des scènes de torture.

Le compositeur de la musique, Charlie Clouser, a joué un rôle clé dans la création de l'ambiance sonore des films SAW. Il a utilisé des sons électroniques et des textures sonores pour créer une atmosphère lugubre et angoissante. Les sons de synthétiseurs et de basses lourdes ajoutent une tension permanente tout au long du film.

Les bruitages utilisés dans les films SAW sont le fruit d'un travail de post-production minutieux et soigné. Les sons provenant d'objets du quotidien sont mélangés à des sons électroniques pour créer une expérience d'écoute immersive et effrayante. Le résultat est une bande sonore qui accompagne parfaitement la violence visuelle de la série et ajoute une dimension supplémentaire à la terreur des films.

Sons et bruitages dans The descent

Le film d'horreur "The Descent", sorti en 2005, est une histoire de six femmes qui se lancent dans une expédition de spéléologie. Pour créer une atmosphère oppressante et effrayante, l'équipe de production a utilisé une variété de techniques de son et de bruitages lors du tournage et de la post-production.

Lors du tournage du film, l'équipe de production a utilisé des microphones directionnels pour capturer les sons des environnements souterrains et des équipements des personnages. Ils ont également utilisé des microphones lavaliers pour capturer les dialogues des acteurs. Le son a été enregistré en haute qualité pour créer une expérience sonore immersive et réaliste.

Dans la post-production, l'équipe a travaillé sur les effets sonores pour créer une atmosphère effrayante. Les effets sonores incluent les bruits de pas dans les tunnels, les sons de gouttes d'eau, les grincements des cordes et des piolets, ainsi que les sons des créatures horribles qui hantent les personnages. L'utilisation de ces effets sonores a permis de renforcer l'atmosphère de tension et de peur du film.

Les sons des créatures jouent un rôle important pour créer une atmosphère oppressante et effrayante. Pour générer ces sons, l'équipe de post-production a utilisé une combinaison de techniques et d'objets.

Tout d'abord, l'équipe a enregistré des sons d'animaux réels, tels que des cris de chauve-souris et des grognements d'ours. Ils ont également utilisé des enregistrements de cris et de hurlements humains pour créer une base sonore effrayante. Ces enregistrements ont ensuite été édités et modifiés pour donner l'impression que les sons proviennent d'êtres surnaturels et effrayants.

Ensuite, l'équipe a utilisé des instruments de musique pour créer des sons uniques pour les créatures. Ils ont utilisé des violons, des synthétiseurs et des guitares pour créer des sons stridents et discordants qui évoquent la terreur et l'angoisse. Ces sons ont été modifiés et édités pour produire des sons plus inquiétants et surnaturels.

Enfin, l'équipe a utilisé des objets tels que des chaînes, des plaques métalliques, des ressorts et des cordes pour produire des bruits de grincement, de grattage et de cliquetis. Ces sons ont été édités et modifiés pour donner l'impression que les créatures se déplacent de manière étrange et effrayante.

L'équipe de post-production a également travaillé sur la musique du film. Le compositeur, David Julyan, a créé une bande originale qui souligne les moments les plus intenses du film. La musique ajoute une dimension supplémentaire à l'histoire et renforce l'atmosphère oppressante.

Enfin, l'équipe a travaillé sur le mixage sonore du film. Les ingénieurs du son ont mélangé les dialogues des acteurs, les effets sonores et la musique pour créer une bande sonore cohérente et immersive. Le mixage sonore est un processus important pour créer un son final de qualité pour le film.

Le film "The Descent" a utilisé une variété de techniques de son et de bruitages pour créer une atmosphère effrayante et immersive. L'utilisation de microphones directionnels, de microphones lavaliers, d'effets sonores, de musique et de mixage sonore a permis de créer une bande sonore réaliste et émotionnelle qui ajoute une dimension supplémentaire à l'histoire. Les techniques de son et de bruitages ont été essentielles pour créer l'atmosphère effrayante du film.

Sons et bruitages dans Rec

Le film Rec, réalisé par Jaume Balagueró et Paco Plaza, est un film d'horreur espagnol qui suit une équipe de télévision qui se retrouve enfermée dans un immeuble alors qu'une épidémie de rage se propage. Les bruitages utilisés dans le film sont essentiels pour créer une atmosphère horrifique et effrayante.

Les bruitages du film Rec ont été créés à partir de différentes sources. Tout d'abord, les sons des pas des personnages ont été enregistrés pour donner une sensation de présence et d'immersion. Les bruits de la porte qui grince et de la clé qui tourne ont été enregistrés pour ajouter de la tension et de l'angoisse dans certaines scènes.

Les bruits de la respiration et des gémissements des personnes contaminées ont été enregistrés à part, afin de les mixer avec les images pour donner une impression réaliste de possession. Les cris et les hurlements des personnages ont également été soigneusement enregistrés pour donner une sensation d'urgence et de danger.

Les bruitages des monstres ont été créés en utilisant des enregistrements d'animaux réels, tels que les rugissements de lions et les cris de singes. Les bruitages ont ensuite été modifiés électroniquement pour donner l'impression de créatures surnaturelles et effrayantes.

Enfin, pour les bruitages des armes, les équipes ont utilisé des armes à feu réelles et ont enregistré les sons de tirs, de rechargement et de détonations. Ces enregistrements ont ensuite été modifiés pour s'adapter aux différentes scènes du film.

Sons et bruitages dans la Franchise Avengers

La franchise Avengers est connue pour ses scènes d'action intenses, qui sont souvent accompagnées d'effets sonores impressionnants. Les bruitages utilisés dans les six films de la franchise ont été soigneusement conçus pour recréer les sons des super-héros et super vilains, ainsi que pour renforcer l'expérience cinématographique pour le public.

Pour créer les bruits des super-héros, l'équipe de conception sonore a utilisé une variété de sources différentes. Les sons de la puissance et de la force de Hulk ont été créés en mélangeant les bruits d'un éléphant, d'un gorille et d'un tigre, tandis que les sons de vol de Iron Man ont été conçus en utilisant des enregistrements de moteurs d'avion et des bruits de jet.

Les sons des attaques des différents héros et vilains ont été créés en utilisant des sons synthétisés à l'aide d'instruments électroniques. Les explosions, les impacts et les bruits de rayons laser ont été ajoutés en post-production pour donner l'impression de la puissance et de la vitesse des personnages.

En plus des bruits de personnages, l'équipe de conception sonore a également incorporé des bruits d'ambiance pour renforcer l'immersion du public dans les différents lieux de la saga. Les sons de la ville ont été enregistrés sur place à New York et ont été modifiés pour donner une impression de profondeur et de mouvement, tandis que les sons de l'espace ont été créés en utilisant des sons synthétisés et des enregistrements de radios spatiales.

En outre, l'équipe de conception sonore a utilisé des techniques de mixage pour créer une expérience sonore dynamique et immersive pour le public. Les effets sonores ont été synchronisés avec la musique du film pour renforcer l'impact émotionnel des scènes et rendre l'expérience cinématographique plus mémorable.

Les effets sonores dans la franchise Avengers ont été conçus avec une grande attention aux détails pour créer une expérience sonore réaliste et immersive. Les bruits des personnages et les bruits d'ambiance ont été utilisés pour ajouter de l'intensité aux scènes et renforcer l'impact émotionnel de la série. Les techniques et les sources utilisées pour créer ces effets sonores ont établi une norme pour les films d'action et ont contribué à la popularité durable de la franchise auprès des fans de cinéma.

Sons et bruitages dans Avatar

La saga Avatar est connue pour ses paysages époustouflants et ses créatures fantastiques, mais elle est également célèbre pour ses effets sonores impressionnants. Les bruitages ont été soigneusement conçus pour créer une expérience immersive pour le public, transportant les spectateurs dans le monde étonnant de Pandora.

Les sons des créatures ont été créés en utilisant des techniques d'enregistrement de terrain, avec les équipes de production enregistrant des sons d'animaux réels tels que des lézards, des singes et des oiseaux. Ces enregistrements ont été modifiés numériquement pour créer des sons de créatures fantastiques et uniques, comme les Banshees, les Thanators et les Vipères des Montagnes.

Les bruitages des armes et des explosions ont également été conçus pour être puissants et réalistes. Les armes ont été enregistrées en utilisant des fusils à feu réels, avec des bruits de chargeur et de verrouillage ajoutés numériquement pour donner une sensation futuriste. Les explosions ont été enregistrées en utilisant des charges explosives et des enregistrements de détonations réelles pour donner l'impression d'un environnement hostile et de guerre.

Les sons de la nature, tels que le vent, les bruits d'eau et les chutes d'eau, ont également été enregistrés sur le terrain pour ajouter une ambiance sonore réaliste. Les bruitages des machines et des véhicules, tels que les hélicoptères et les vaisseaux spatiaux, ont été créés en utilisant des sons d'ingénierie et des modélisations numériques.

En outre, les effets sonores ont également été utilisés pour ajouter de l'émotion et de la tension à certaines scènes. Les bruits de respiration et de battement de cœur ont été ajoutés pour augmenter l'intensité émotionnelle de certaines scènes dramatiques.

Sons et bruitages dans 2012

Le film "2012" est un film catastrophe sorti en 2009 qui met en scène la fin du monde telle que prévue par le calendrier maya. Pour créer l'atmosphère de ce désastre planétaire, l'équipe de tournage et de post-production a utilisé une variété d'effets sonores et de bruitages.

Réalisé par Roland Emmerich, ce film connu pour ses effets spéciaux impressionnants et sa bande sonore captivante fait appel à des sources sonores et des bruitages jouant un rôle crucial dans l'immersion du spectateur dans cet univers apocalyptique.

Tout au long du film, les sources sonores varient en fonction de l'environnement dans lequel se trouvent les personnages. Dans les scènes de destruction massive, les bruits de tremblements de terre, d'explosions et de débris volant dans tous les sens créent une atmosphère chaotique et angoissante. Les sons sont souvent amplifiés pour renforcer l'impact de l'image et faire vivre au spectateur une expérience immersive.

Le compositeur Harald Kloser a également créé une bande sonore originale pour le film. Les thèmes musicaux dramatiques et épiques renforcent l'intensité des scènes et aident à raconter l'histoire. Les moments de tension sont accompagnés de musiques sombres et pesantes, tandis que les scènes d'action sont accompagnées de thèmes plus énergiques.

Lors du tournage, l'équipe a utilisé des techniques spéciales pour capturer des sons réalistes de destruction. Par exemple, ils ont enregistré le son d'une voiture qui chute d'une grue, des explosions contrôlées et des enregistrements d'effondrements de bâtiments en utilisant des charges explosives. Les équipes de tournage ont également enregistré des sons de tempêtes et de tremblements de terre sur des lieux réels pour ajouter une touche de réalisme aux scènes.

En post-production, les effets sonores ont été édités pour donner l'impression que la fin du monde était en train de se produire. Des sons de grondements profonds ont été ajoutés pour donner une impression de mouvements de la terre et des bruits de craquements pour représenter l'effondrement des bâtiments. Des sons de vent ont été ajoutés pour donner une ambiance apocalyptique. Les bruits de vagues ont également été utilisés pour simuler la montée des océans et la destruction des côtes.

Pour les scènes de décollage et d'atterrissage des avions, des sons de turbines d'avion ont été ajoutés en post-production pour donner une sensation réaliste de vitesse et de mouvement. Des sons de communication radio ont également été ajoutés pour ajouter une touche de réalisme.

Les effets sonores et les bruitages du film 2012 ont été essentiels pour donner une ambiance de désastre et de destruction. Les techniques utilisées pour capturer des sons réalistes lors du tournage et les éditions effectuées en post-production ont permis de créer des sons uniques et percutants pour renforcer l'impact émotionnel du film sur les spectateurs. Ils renforcent les effets visuels et permettent aux spectateurs de ressentir l'impact des événements cataclysmiques qui se déroulent à l'écran.

Sons et bruitages dans World war z

Le film World War Z, réalisé par Marc Forster et sorti en 2013, est un film de zombies qui suit les aventures d'un ancien enquêteur des Nations unies, Gerry Lane, alors qu'il tente de trouver un remède pour stopper la propagation d'un virus mortel.

Les bruitages jouent un rôle important dans l'immersion du spectateur dans l'univers du film. Pour créer ces effets sonores, les concepteurs sonores ont utilisé une variété de sources et de techniques.

Pour les bruits de zombies, les concepteurs sonores ont eu recours à plusieurs techniques. Ils ont enregistré des cris et des grognements d'acteurs, qu'ils ont ensuite modifiés et transformés numériquement pour créer un son unique pour chaque type de zombie. Les bruits de morsure et de déchirement ont été créés en utilisant des fruits et légumes crus, comme des concombres, des carottes et des pastèques, que les concepteurs sonores ont mordus et arrachés.

Les bruitages des armes à feu ont été enregistrés en utilisant de véritables armes à feu. Les concepteurs sonores ont également utilisé des armes à feu factices et des explosions pour créer des sons plus spectaculaires pour les scènes de bataille. Pour les scènes de bombardement aérien, ils ont utilisé des enregistrements de véritables avions de guerre.

Les bruits de véhicules ont été enregistrés en utilisant des enregistrements réels de véhicules, tels que des camions et des voitures, ainsi que des sons synthétiques pour les hélicoptères et les avions.

Enfin, les bruits ambiants ont été enregistrés sur place pour donner l'impression d'un monde envahi par les zombies. Les concepteurs sonores ont enregistré des bruits de foule, des klaxons de voiture, des cris et des appels à l'aide, qu'ils ont ensuite mélangés pour créer un son authentique pour chaque scène.

Sons et bruitages dans Gravity

Le film Gravity, réalisé par Alfonso Cuarón en 2013, est un film de science-fiction qui se déroule principalement dans l'espace. Les bruitages sont donc un élément essentiel pour immerger le spectateur dans l'atmosphère du film.

Les bruitages ont été créés par Glenn Freemantle, un sound designer britannique qui a remporté l'Oscar du meilleur montage sonore pour son travail sur Gravity.

Pour créer les bruitages de Gravity, Freemantle s'est inspiré de différentes sources. Tout d'abord, il a enregistré des sons de l'espace tels que des émissions radio de la NASA, des enregistrements de la Terre depuis l'espace et des enregistrements de l'orbite terrestre basse.

Ensuite, il a créé des sons électroniques pour les explosions et les impacts, et a utilisé des effets sonores classiques tels que des enregistrements de coups de feu et de métal qui grince pour les scènes de bataille spatiale.

Freemantle a également travaillé en étroite collaboration avec le réalisateur Alfonso Cuarón pour créer des bruitages qui renforcent l'impact émotionnel des scènes. Par exemple, pour la scène où le personnage de Sandra Bullock est secoué par une explosion, Freemantle a créé un son de basse fréquence qui donne l'impression que le spectateur est physiquement secoué.

Enfin, pour donner une impression de réalisme, Freemantle a utilisé des enregistrements de la voix des acteurs, qu'il a ensuite modifiés pour créer des bruitages de communication radio.

Les bruitages de Gravity sont le fruit d'un travail minutieux de la part de Glenn Freemantle, qui a su créer des sons à la fois réalistes et immersifs pour ce film de science-fiction à succès.

Sons et bruitages dans Interstellar

Le film Interstellar est un film de science-fiction épique réalisé par Christopher Nolan en 2014. Les bruitages du film ont été créés par Richard King, un concepteur sonore primé aux Oscars. King a utilisé une combinaison de bruits réels et de bruits synthétiques pour créer l'univers sonore complexe du film.

Pour les scènes spatiales, King a enregistré des sons provenant de la NASA et d'autres agences spatiales pour donner au public une impression réaliste de ce à quoi ressemblerait l'espace. Il a également utilisé des enregistrements de vent, de tonnerre et d'autres bruits de la nature pour créer l'ambiance des planètes extraterrestres que l'équipe d'exploration rencontre tout au long du film.

Pour les scènes impliquant le vaisseau spatial Endurance, King a enregistré des sons mécaniques et électromagnétiques pour donner une impression de la technologie avancée du vaisseau. Il a également créé des sons synthétiques pour les robots TARS et CASE, qui ont une voix robotique distincte.

L'une des séquences les plus mémorables du film est lorsque l'équipe explore une planète recouverte d'eau. Pour cette scène, King a utilisé des enregistrements d'ondes de marée, de vagues et d'autres bruits d'eau pour créer l'environnement sonore. Il a également ajouté des bruits de créatures marines synthétiques pour renforcer le côté dangereux et inconnu de la planète.

Le travail de Richard King sur les bruitages d'Interstellar a contribué à créer un univers sonore immersif et réaliste qui a renforcé l'expérience visuelle du film.

Sons et bruitages dans Howl

Le film "Howl" est un film d'horreur britannique sorti en 2015, qui utilise les sons et les bruitages de manière très efficace pour créer une atmosphère angoissante et oppressante.

Dès le début du film, les sons de la forêt la nuit et les hurlements des animaux créent une atmosphère inquiétante et mystérieuse. Les bruits de pas sur le gravier, les craquements des branches sous les pas des personnages et les effets sonores qui renforcent les mouvements des créatures inconnues, sont également très présents pour renforcer l'immersion du spectateur.

Lorsque les personnages se retrouvent coincés dans le train, les bruitages prennent une place encore plus importante. Les grondements sourds et les grognements inquiétants qui se font entendre à l'extérieur du train contribuent grandement à créer une atmosphère de menace constante. Les bruits métalliques et les grincements de la carrosserie qui se plie sous la pression des attaques sont également très présents pour donner une sensation d'urgence et de danger imminent.

Les bruitages sont également utilisés pour créer des moments de suspense et de surprise. Les hurlements des créatures qui surgissent de nulle part, les grondements soudains ou les bruits de verre brisé lors des affrontements avec les monstres, sont autant d'exemples qui créent des scènes qui prennent aux tripes du spectateur.

En utilisant les sons et les bruitages avec habileté et minutie, "Howl" parvient à créer une atmosphère oppressante et angoissante qui contribue grandement à l'effet terrifiant du film. Les sons et les bruitages sont utilisés pour suggérer la présence d'une force inconnue et menaçante qui ne cesse de rôder autour des personnages, renforçant l'impression d'être en permanence traqués. Cela fait de "Howl" un film d'horreur efficace et intense qui ne manquera pas de faire sursauter les amateurs du genre.

Pour réaliser les sons et les bruitages du film "Howl" en post-production, une équipe de concepteurs sonores a travaillé en étroite collaboration avec le réalisateur et le mixeur son pour créer une bande sonore qui correspondait parfaitement à l'atmosphère recherchée.

Tout d'abord, l'équipe a enregistré de nombreux sons sur le terrain, tels que les bruits de la forêt la nuit, les hurlements d'animaux et les grincements de trains. Ces enregistrements ont ensuite été utilisés comme base pour créer des effets sonores spécifiques, tels que les grognements des créatures, les grincements du métal et les bruits de verre brisé.

Ensuite, l'équipe de concepteurs sonores a travaillé avec des logiciels spécialisés pour manipuler et modifier les enregistrements bruts afin de créer des sons uniques et sur mesure pour le film. Ils ont utilisé des techniques telles que l'égalisation, la réverbération, la distorsion et la compression pour donner aux sons le caractère et l'impact désirés.

Enfin, ces effets sonores ont été intégrés dans le mixage final du film, où ils ont été ajustés pour s'intégrer parfaitement aux dialogues et à la musique. Le mixeur son a utilisé différentes pistes pour ajuster le volume et la balance des sons en fonction de l'action à l'écran, créant ainsi une bande sonore dynamique et immersive qui correspondait parfaitement à l'ambiance angoissante du film.

La réalisation des sons et des bruitages de "Howl" en post-production a été un travail minutieux et créatif, qui a permis de créer une bande sonore immersive et intense pour renforcer l'effet horrifique du film.

Sons et bruitages dans Everest

Le film "Everest", sorti en 2015, est un thriller d'aventure qui retrace l'histoire de deux groupes d'alpinistes qui tentent de gravir le sommet le plus haut du monde. Pour donner vie à cette histoire intense, l'équipe de production a utilisé une gamme de techniques de son et de bruitages pour créer une expérience immersive pour le public.

Lors du tournage du film, l'équipe de production a utilisé des microphones directionnels pour capturer le son de l'environnement autour des acteurs et de leurs équipements. Ils ont également utilisé des microphones lavaliers pour capturer les dialogues des acteurs. Le son a été enregistré en haute qualité et cela a permis d'obtenir un son réaliste et immersif.

Dans la post-production, l'équipe a travaillé sur les effets sonores pour donner vie à l'environnement de l'Himalaya. Les effets sonores incluent les bruits de la neige qui craque sous les pieds des alpinistes, le son du vent soufflant à travers les cordes, le grincement des crampons sur la glace, ainsi que les bruits des avalanches et des tempêtes de neige. L'utilisation de ces effets sonores a permis d'améliorer l'expérience immersive du public.

L'équipe de post-production a également travaillé sur la musique du film. Le compositeur, Dario Marianelli, a créé une bande originale épique et émotionnelle qui ajoute une dimension supplémentaire à l'histoire. La musique souligne les moments les plus intenses du film, créant une atmosphère de tension et d'angoisse.

Pour générer les sons de craquements de glace, de vent et de tempête dans les bruitages du film Everest, l'équipe de post-production a utilisé une combinaison de techniques et d'objets.

Pour les sons de craquements de glace, l'équipe a utilisé des enregistrements de glaciers et de banquises en train de craquer et de se déplacer. Ils ont également utilisé des objets tels que des craquements de glace enregistrés en studio, des blocs de glace et des matériaux similaires pour produire des sons de qualité supérieure. Ces sons ont été ensuite modifiés et édités avec des logiciels pour produire des sons plus réalistes et évocateurs.

Pour les sons de vent, l'équipe a utilisé des enregistrements de vents forts en haute altitude, ainsi que des objets tels que des ventilateurs, des tissus, des feuilles et des drapeaux pour produire des sons plus intenses et réalistes. Les sons ont ensuite été modifiés pour donner l'impression que le vent souffle à travers les cordes et les équipements des alpinistes.

Pour les sons de tempête, l'équipe a utilisé des enregistrements de tempêtes de neige et de blizzard, ainsi que des objets tels que des seaux remplis de gravier, des sacs de sable et des rouleaux de papier d'aluminium pour produire des sons de tempête plus intenses. Ces sons ont ensuite été édités pour donner l'impression que la tempête gronde dans le film.

En somme, l'équipe de post-production a utilisé une combinaison de techniques d'enregistrement et d'objets pour créer les sons de craquements de glace, de vent et de tempête dans les bruitages du film Everest. Les sons ont ensuite été modifiés et édités pour produire un son final réaliste et immersif qui ajoute une dimension supplémentaire à l'histoire.

Enfin, l'équipe a travaillé sur le mixage sonore du film. Le mixage sonore est le processus de combinaison de différents éléments sonores pour créer un son final cohérent. Les ingénieurs du son ont mélangé les dialogues des acteurs, les effets sonores et la musique pour créer une bande sonore équilibrée qui s'adapte parfaitement à l'action du film.

Le film "Everest" a utilisé une gamme de techniques de son et de bruitages pour créer une expérience immersive pour le public. L'utilisation de microphones directionnels, de microphones lavaliers, d'effets sonores, de musique et de mixage sonore a permis de créer une bande sonore réaliste et émotionnelle qui ajoute une dimension supplémentaire à l'histoire.

Sons et bruitages dans Ambulance

Le film "Ambulance" est un thriller intense qui utilise des sons et des bruitages de manière experte pour créer une expérience cinématographique immersive pour le spectateur. Tout au long du film, les sons et les bruitages sont utilisés pour créer une ambiance de tension et de danger constant.

Les scènes d'action sont accompagnées de bruits intenses tels que des explosions, des coups de feu et des cris, qui ajoutent une dimension réaliste et palpable aux scènes. Les scènes de poursuite en voiture sont également renforcées par des bruitages réalistes, comme le son des pneus qui crissent et des moteurs qui vrombissent.

Les sons et les bruitages sont également utilisés pour renforcer les moments émotionnels du film. Dans une scène où un personnage est en proie à la panique, le son de sa respiration saccadée et de son pouls qui bat la chamade ajoute une dimension de tension psychologique à la scène. Dans une autre scène, où un personnage est confronté à la mort imminente, le son des battements de cœur et des souffles courts crée une ambiance anxiogène pour le spectateur.

Les décors du film sont également soulignés par des bruitages réalistes. Dans une scène où le personnage principal est enfermé dans une ambulance, le son des brancards qui s'entrechoquent et des portes qui claquent renforce l'immersion du spectateur dans l'univers du film.
Enfin, le mixage audio de haute qualité permet une immersion sonore totale pour le spectateur. Les effets sonores et les bruitages sont parfaitement équilibrés pour créer une expérience cinématographique immersive, dans laquelle les sons et les bruitages jouent un rôle crucial dans la création de l'ambiance du film.

Les sons et les bruitages du film "Ambulance" sont utilisés avec expertise pour créer une expérience cinématographique immersive pour le spectateur. Les effets sonores et les bruitages ajoutent une dimension réaliste et émotionnelle au film, et permettent une immersion totale dans l'univers du thriller.

Sons et bruitages dans 13 vies

Le film "13 vies" sorti en 2022 et réalisé par Ron Howard est basé sur l'histoire vraie d'une équipe de football junior thaïlandaise qui s'est retrouvée piégée dans une grotte inondée. Les sons et les bruitages dans ce film sont essentiels pour créer une ambiance immersive qui plonge le spectateur dans l'univers du film.

Au début du film, les sons de la nature environnante, comme les oiseaux et les insectes, créent une atmosphère paisible et tranquille. Les bruits des enfants qui jouent au football ajoutent un sentiment de camaraderie et de joie de vivre.

Lorsque les enfants se retrouvent piégés dans la grotte, les sons changent radicalement pour devenir plus sombres et oppressants. Les bruits de l'eau qui s'infiltre dans la grotte et des rochers qui tombent créent une atmosphère de danger imminent.

Les sons humains, tels que les cris des enfants et les voix des sauveteurs, ajoutent une dimension émotionnelle au film. Les conversations entre les membres de l'équipe de football permettent de mieux comprendre leur situation difficile et leur courage face à l'adversité.

La musique originale de James Newton Howard renforce également l'émotion et l'urgence de la situation. Les thèmes musicaux dramatiques créent une atmosphère de tension et de suspense qui maintient le spectateur en haleine tout au long du film.

Les sons et les bruitages dans "13 vies" jouent un rôle crucial dans la création d'une ambiance immersive qui permet au spectateur de se plonger dans l'univers du film. Ils renforcent les effets visuels et ajoutent une dimension émotionnelle qui amplifie l'impact du film sur le public.

Sons et bruitages dans Elvis

Le film Elvis sorti en 2022 et réalisé par Baz Luhrmann raconte l'histoire de la montée en puissance du célèbre chanteur Elvis Presley, depuis ses premiers succès jusqu'à sa consécration ultime. Les sons et les bruitages jouent un rôle crucial dans l'immersion du spectateur dans l'ambiance de l'époque et dans la mise en valeur de la musique d'Elvis Presley.

Dès le début du film, les sons des années 50 et 60, tels que les bruits des voitures, des radios et des enregistrements vinyles, créent une atmosphère vintage qui transporte le spectateur dans le temps. Les bruitages des salles de concerts et des studios d'enregistrement ajoutent une touche de réalisme à l'expérience du film.

Les chansons d'Elvis Presley sont bien sûr omniprésentes dans le film. Les arrangements musicaux ont été soigneusement choisis pour mettre en valeur la voix distinctive d'Elvis Presley et pour créer une ambiance authentique de l'époque. Les bruitages de la guitare électrique, de la basse, de la batterie et du piano ajoutent une touche de vie à la musique d'Elvis Presley.

Les sons humains sont également utilisés pour renforcer l'aspect émotionnel du film. Les dialogues entre les personnages permettent de mieux comprendre les enjeux de l'histoire et les relations entre les différents protagonistes. Les cris et les applaudissements du public lors des concerts d'Elvis Presley ajoutent une touche d'excitation et d'enthousiasme au film.

La bande sonore originale de John Ottman et de David Fleming apporte également une touche de modernité à la musique d'Elvis Presley. Les arrangements contemporains permettent de renouveler l'intérêt pour la musique de ce grand artiste et de toucher un nouveau public.

Le rôle du cinéma, nous faire rêver en nous immergeant dans un monde semi-réel...

Les bruitages et les sons utilisés dans les films sont variés et sont soigneusement sélectionnés pour créer un environnement sonore immersif et réaliste permettant de susciter chez nous toutes les émotions, toutes les sensations, tous les sentiments qui contribueront à former notre relation, forger notre mémoire, notre souvenir du film.

Notes, Sources et Bibliographie

[1]
Sept entretiens seulement sont cités, mais douze ont été menés dans le cadre de ce travail. Ils ont été réalisés par Rémi Adjiman et Jean-Michel Denizart au cours de la période 2012-2015.

[2]
Le cours d'action est un concept défini par Jacques Theureau qui explicite la spécificité de ce qui se produit au cours du déroulement de l'action.

[3]
Notion introduite par Alfred Schütz (Le Chercheur et le Quotidien, Paris, Méridiens Klincksieck, 1987). Le présent article s'insère dans le cadre plus large d'un travail de recherche sur l'optimisation de la qualification des ambiances sonores cinématographiques et de leur indexation dans les bases de données sonores dédiées.

[4]
Pour la rigueur de notre propos, les enseignements et les réflexions de ce travail ne s'appliquent qu'au territoire français, mais les méthodes, les processus et les pratiques sont tout à fait semblables en Europe et aux États-Unis.

[5]
Renvoie à la notion d'écoute causale définie par Pierre Schaeffer, où c'est l'origine physique du son, c'est-à-dire sa source, qui est considérée (Pierre Schaeffer, Traité des objets musicaux, Paris, Seuil, 1966).

[6]
Terme exhumé par Pierre Schaeffer. « Le mot provient d'une secte pythagoricienne, dont la tradition disait que Pythagore enseignait sans être vu » (Michel Chion, La Voix au cinéma, Paris, Cahiers du Cinéma, « Essai », 1982, p. 30).

[7]
Gernot Böhme, « Atmosphere as the Fundamental Concept of a New Aesthetics

», Thesis Eleven, 1993, 36, 1, p. 125
(traduction de Maxime Le Calvé – voir supra
dans ce même numéro).

[8]
Henri-Georges Clouzot, Les Diaboliques,
1955 ; Robert Bresson, Un condamné à mort
s'est échappé, 1956 ; Louis Malle,
Ascenseur pour l'échafaud, 1958.

[9]
Un désert espagnol, puisque le film a été
tourné près d'Almería, dans le désert de
Tabernas.

[10]
L'expression « silence habité » est
fréquemment utilisée par Daniel Deshays
dans ses écrits et ses conférences.

[11]
Aux États-Unis, le travail de création sonore
s'organise différemment et mobilise des
équipes plus importantes qui – souvent – se
partagent des séquences dans le film.

[12]

Le moment de la rencontre entre Michel et Harry dans Harry, un ami qui vous veut du bien (2000), de Dominik Moll, en est un exemple assez admirable.

[13]
Nadine Muse, entretien réalisé par Rémi Adjiman le 6 avril 2012 à Paris.

[14]
Laurent Jullier, L'Écran post-moderne. Un cinéma de l'allusion et du feu d'artifice, Paris, L'Harmattan, 1997.

[15]
  Martin Barnier, « Réception critique et historique des technologies du son au cinéma », Cinémas, 24, 1, « Nouvelles pistes sur le son. Histoire, technologies et pratiques sonores », 2013, p. 35-57.

[16]
Rémi Adjiman, « Entre technique, évolution des métiers et création : une évolution de la bande sonore au cinéma », Revue francophone Informatique & Musique (en ligne),   2014,

http://revues.mshparisnord.org/rfim/index.ph
p?id=278.

[17]
Daniel Deshays, « Face à l'idée de
synchronisme. Notes d'un preneur de son
sur le théâtre et le cinéma », Intermédialités,
19, « Synchroniser », 2012, p. 85-101.

[18]
Jean-Pierre Halbwachs, entretien réalisé par
Rémi Adjiman le 7 avril 2012 à Paris.

[19]
Rémi Adjiman, « Sémiotique des sons et
cognition située », in François Bobrie,
Jean-François Bordron, Gérard Chandès
(dir.), Les Sens du son, Limoges, Solilang,
2015.

[20]
Roger Odin, dans sa sémio-pragmatique,
précise les différents modes de lecture
mobilisés par le spectateur. Selon lui, la
fictionnalisation consiste à voir un film
comme un film de fiction et à mobiliser les
savoirs afférents (Roger Odin, De la fiction,
Paris, De Boeck, 2000, p. 63-72). La mise en

phase est un des processus mobilisés par le spectateur lorsqu'il assiste à un film de fiction : « Par mise en phase, j'entends le processus qui me conduit à vibrer au rythme de ce que le film me donne à voir et à entendre. La mise en phase est une modalité de la participation affective du spectateur au film » (ibid., p. 37).

[21]
Michel Chion, Le Son au cinéma, Paris, Cahiers du Cinéma, 1985, p. 221.

[22]
Loïc Prian, entretien réalisé par Rémi Adjiman le 21 mars 2012 à Paris.

[23]
Jean-Pierre Halbwachs, entretien cité.

[24]
Valérie Deloof, entretien réalisé par Jean-Michel Denizart le 10 juillet 2015 à Paris.

[25]

Selim Azzazi, entretien réalisé par Rémi Adjiman le 6 avril 2012 à Paris.

[26]
Nadine Muse, entretien cité.

[27]
Claude Bailblé, « Interaction son et image 3D : approche perceptive en fiction », conférence du 22 janvier 2011, dans le cadre de la Semaine du son, Ces réflexions sont également présentes dans Claude Bailblé, La Perception et l'Attention modifiées par le dispositif cinéma, thèse de doctorat en cinéma, Université Paris 8, 1999.

[28]
Claude Bailblé, La Perception et l'Attention modifiées par le dispositif cinéma, thèse citée.

[29]
Claude Bailblé, « Interaction son et image 3D », conférence citée.

[30]
Michel Chion, Un art sonore, le cinéma, Paris, Cahiers du Cinéma, 2003, p. 235-238.

[31]
Valérie Deloof, entretien cité.

[32]
Michel Chion, L'Audio-Vision, Paris, Armand Colin, 1991, p. 67.

[33]
R. Murray Schafer, Le Paysage sonore, Marseille, Wildproject, 2010.

[34]
Dans la tête d'un monteur son, film réalisé en 2010 par les étudiants du département SATIS d'Aix-Marseille Université,

[35]
Aux systèmes multicanal type 5.1 ou 7.1 s'ajoutent depuis 2012 de nouveaux systèmes, type Dolby Atmos, qui peuvent diffuser le son dans un espace comprenant jusqu'à soixante-quatre canaux et permettant de prendre en compte l'axe vertical.

[36]

Samy Bardet, entretien réalisé par Jean-Michel Denizart le 9 septembre 2015 à Paris.

[37]

Selim Azzazi, entretien cité.

[38]

Nadine Muse, entretien cité.

[39]

Jean Goudier, entretien réalisé par Jean-Michel Denizart le 8 mai 2015 à Paris.

[40]

Selim Azzazi, entretien cité.

[41]

On peut pointer que c'est chez David Lynch que les nappes sonores ont été amenées, en premier, à un tel niveau d'expression ; voir, parmi de nombreux ouvrages, l'analyse de Guy Astic, Le Purgatoire des sens : « Lost Highway » de David Lynch, Aix-en-Provence, Rouge Profond, 2004.

[42]

Au sujet de cette question, voir Rémi Adjiman, « Sons, images et narration au cours de la projection », in Rémi Adjiman, Bruno Cailler (dir.), Une architecture du son, Paris, L'Harmattan, 2005, p. 101-138.

[43]
La notion de son « inécouté » renvoie à nos deux intentions d'écoute : entendre et écouter. Nous pouvons entendre les sons sur trois cent soixante degrés, mais nous n'écoutons que dans une seule direction de l'espace ; les sons inécoutés sont donc les sons que nous percevons sans leur prêter attention.

www.ingramcontent.com/pod-product-compliance
Lightning Source LLC
LaVergne TN
LVHW051228050326
832903LV00028B/2288